SŒUR ANNE DE SAINT-JULIEN

FILLE DE LA CHARITÉ

SUPÉRIEURE

DE L'HOPITAL MILITAIRE DE MARSEILLE

1820-1898

ÉVREUX

IMPRIMERIE DE L'EURE

1900

SŒUR ANNE DE SAINT-JULIEN

FILLE DE LA CHARITÉ

SUPÉRIEURE

DE L'HÔPITAL MILITAIRE DE MARSEILLE

1820-1898

ÉVREUX

IMPRIMERIE DE L'EURE

1900

SOEUR ANNE DE SAINT-JULIEN

Fille de la Charité

Supérieure

de l'Hôpital militaire de Marseille

Anne-Judith-Eléonore-Louise de Saint-Julien naquit le 22 janvier 1820 à Tarbes, non loin de Lourdes encore inconnue, au pied de ces Pyrénées toujours fécondes en races vaillantes et foncièrement religieuses. Sa famille appartenait à cette noblesse de province dont le rôle actif bien que modeste fut si important dans la vieille France ; ses parents, aussi remarquables par leur foi et leurs vertus que par le rang honorable qu'ils occupaient dans le monde, mirent tous leurs soins à donner à leurs sept enfants cette éducation pieuse qui était encore de tradition dans les familles chrétiennes. C'est sur les genoux de sa mère que la jeune Anna apprit, dès la première heure, à connaître et à aimer Dieu; c'est dans le sein de la famille qu'elle reçut et grava profondément dans son jeune cœur ces principes de foi généreuse et de charité agissante qui ont été comme l'âme de toute sa vie. Intelligente, vive et gaie, même un peu espiègle, — quelques traits qu'on a conservés en témoigneraient, — mais toujours bonne et aimable, sans fierté et accessible à tous, elle faisait vraiment le charme de cet intérieur béni de Dieu et envié des hommes. Comme bien des natures fortes et à la volonté énergique, elle avait parfois quelques saillies de colère et d'entêtement; mais sa sainte mère veillait; et du reste, comme elle-même le racontait dans sa vieillesse en se plaignant d'avoir encore à lutter pour garder la patience, étant enfant il suffisait à ses parents de l'attacher à un fauteuil avec un léger fil de laine, pour avoir raison de ses plus grands emportements.

Malheureusement la jeune Anna ne put jouir longtemps des soins si précieux d'une telle mère; elle avait à peine quatre ans quand elle eut l'irréparable malheur de la perdre. Se voyant sur le point de mourir, la jeune mère de famille, — elle avait à peine 39 ans, — voulut spécialement confier son enfant de prédilection à la sainte Vierge, à celle qu'on a si justement nommée le refuge des orphelins; elle se fait donc apporter la jeune Anna sur son lit de douleur; puis, devant une image de Marie entourée de flambeaux allumés, au milieu de la famille éplorée, celle qui devait être un jour la mère des petits et des pauvres fut solennellement consacrée à cette mère du ciel par sa mère de la terre!... Inutile d'ajouter que cette pieuse cérémonie fit sur l'enfant une impression profonde; et, quelques jours après, devenue orpheline, elle se jetait aux pieds d'une statue de Marie qui ornait sa chambre et la suppliait, au milieu des larmes et des sanglots, de vouloir bien désormais lui tenir lieu de Mère; et de fait, dès lors elle ne considéra plus la sainte Vierge que comme « sa chère maman! »

Heureusement pour l'enfant une telle perte qui eût pu être irréparable à jamais se trouva merveilleusement atténuée par les soins vraiment maternels que lui prodigua son père, homme de foi et de caractère, vrai type de ces chefs de famille patriarchale de jadis, craignant Dieu, aimant les pauvres, et tout entier à l'éducation de ses nombreux enfants. Quand elle fut en âge, la jeune Anna fut placée par lui dans un pensionnat d'Ursulines alors bien en renom dans la contrée; mais elle n'y séjourna que quelques années; et à peine âgée de 14 ans, nous la retrouvons au foyer paternel qui lui fut toujours si cher; c'est là, sous l'œil vigilant de son digne père, que se continue et se termine son éducation; c'est là, dans cette atmosphère si propice que prennent racine et se développent cette intelligence, ce bon sens, cette fermeté tempérée de douceur, cette amabilité enfin et cette distinction, en un mot, cet ensemble rare de qualités vraiment admirables qui de prime abord ont toujours frappé ceux qui l'approchaient.

On nous la représente, dans ces fraîches années de la jeunesse, toujours vive et alerte, mais déjà sérieuse, foncièrement pieuse, donnant fort peu aux exigences du monde et de sa position, aimant à décorer l'église de son village et surtout l'autel de Marie, consacrant la plus grande partie de son temps au travail, à la prière et aussi au service des pauvres qu'elle affectionnait dès lors tout spécialement et qu'elle visitait fréquemment à la suite de son digne père. C'est à cette époque, qu'étant en visite chez une de ses sœurs établie dans une ville voisine, par zèle pour ses chers pauvres, elle eut l'initiative, rare alors, d'une de ces loteries si répandues aujourd'hui, loterie continuée depuis en son honneur et que jusqu'à sa dernière année elle a tenu à favoriser de loin par ses largesses. Faut-il voir là le germe de sa vocation? Toujours est-il que quand la voix de Dieu se fit entendre à son cœur, la jeune fille s'y trouvait admirablement préparée par un tel genre de vie; aussi après avoir consulté le vieil évêque d'Aire pour connaître la volonté divine, elle n'eut qu'à suivre la parole du représentant de Dieu lui disant : « Oui, oui, mon enfant; allez sans crainte! »

****

Du moment que Dieu a parlé, rien ne l'arrête, et brisant tous ces liens de famille, si doux pour un cœur de vingt ans, nous la voyons au commencement de 1839 faire son postulat aux Enfants-Trouvés de Bordeaux, sous la direction de la respectable Mère Maheux, connue pour sa fermeté des anciens temps, se soumettre aux épreuves nécessaires, passer successivement à la cuisine, aux enfants teigneux, aux vieillards, aux folles, sous la surveillance de vieilles sœurs rompues à ce genre de vie et ne pouvant s'empêcher d'admirer l'aisance et l'intrépidité de cette jeune fille de 19 ans, si peu préparée à des travaux qui répugnent tant à la nature; la grâce de Dieu était là!...

Nous n'avons pas de détails sur son noviciat qu'elle commença le 19 juillet 1839, fête de saint Vincent; nous passons rapidement sur son séjonr de quatorze ans, — ses débuts, — à Nancy sous une bonne supérieure, type des premières Filles de la Charité, qui dut réussir à former rapidement cette riche nature, car jeune Sœur encore nous la voyons commencer à Metz, en qualité de Sœur servante, l'établissement de Sainte-Constance, œuvre importante fondée par la famille Hollandre en faveur de cent orphelines; peu de temps lui suffit pour en jeter les solides fondements, et ses débuts sont si heureux que malgré son âge, 35 ans à peine, elle est envoyée avec trente Sœurs commencer l'œuvre délicate et difficile mais si capitale qui va absorber les quarante-trois dernières années de sa vie, — nous voulons parler de l'hôpital militaire de Marseille. Et ici il faut nous arrêter, car nous sommes sur le théâtre où peu-à-peu sa charité va se déployer, rayonnant d'abord dans l'intérieur de la maison, puis dans la ville où affluent tant de misères, et enfin, durant les vingt-cinq dernières années de sa vie, dans toute la Provence dont elle devient visitatrice.

***

On était en pleine guerre d'Orient ; notre vaillante armée y avait été successivement décimée par de rudes combats et des fatigues sans nombre, mais surtout par le choléra et les souffrances d'un rigoureux hiver, durant les péripéties du siège de Sébastopol. Par sa position, Marseille était désignée pour recevoir les nombreux soldats qu'on se hâtait d'évacuer des ambulances d'Orient toujours encombrées ; et l'hôpital militaire regorgeait d'une multitude de malades et de blessés. Leur situation y était si pitoyable, par suite de l'encombrement et de l'insuffisance des soins, que deux dames honorables de Marseille, touchées de compassion, firent le voyage de Paris pour exposer à l'Empereur l'état triste des pauvres malades ; immédiatement demandées par Sa Majesté et accordées par la Communauté, trente Sœurs, réunies à la hâte et la plupart jeunes et inexpérimentées, prirent la route de Marseille, sous la conduite de la Sœur Saint-Julien. On soupirait tant après leur arrivée, qu'en les voyant paraître à la porte de l'hôpital, tous les malades qui pouvaient se tenir debout se pressaient à toutes les fenêtres, faisant retentir l'air d'acclamations joyeuses et de cris mille fois répétés de « Vive les Sœurs, vive les Sœurs ! » Elles furent reçues par le clergé, Mgr l'Evêque en tête, et, à travers une double haie d'officiers et d'infirmiers militaires, conduites à la chapelle où Sa Grandeur voulut offrir, en actions de grâces, le saint sacrifice de la messe ; la cérémonie fut très touchante, et on y vit bien des larmes de joie couler sur les joues amaigries des pauvres malades!... Mais le temps pressait, et à peine installées à demi les Sœurs durent se mettre à l'œuvre; or la besogne était grande! Plus de neuf cents malades encombraient l'hôpital, la plupart frappés du typhus; et en outre un grand nombre étaient soignés dans deux ambulances qu'on avait dû installer, l'une au bout opposé de la ville, l'autre à une lieue en mer, dans l'île du Frioul; chacune avait des Sœurs à leur tête. Les difficultés ne manquèrent pas, venant parfois d'où on ne les attendait point; et pour y faire face, à peine une poignée de Sœurs, remplies d'ardeur sans doute, mais plusieurs jeunes et sans expérience des malades, toutes écrasées de travail nuit et jour, obligées de se multiplier, et par suite bientôt épuisées; bon nombre tombèrent malades, et plusieurs même succombèrent sur la brèche, frappées du terrible typhus qu'elles avaient contracté dans les salles.

Or pour communiquer la vie et entretenir l'ardeur dans ce petit bataillon de la charité ainsi décimé, la Providence, selon sa conduite ordinaire, avait choisi, nous devons le faire remarquer, une supérieure de 35 ans à

peine et en outre peu vigoureuse et sans
force physique, car on craignait fort pour
sa santé en ce moment; mais dans ce corps
faible, et pour suffire à ces interminables
fatigues de quarante années et plus, — car
après la guerre d'Orient vont venir successivement celle d'Italie, puis celle du Mexi-
que, surtout la déplorable année 1870-1871,
et enfin les expéditions meurtrières du Ton-
kin, de la Tunisie et de Madagascar qui
amenèrent chacune à Marseille leur nombreux contingent de blessés et de malades,
— pour suffire à tout, dans ce pauvre corps
Dieu avait mis une âme vraiment vaillante.
Le moment est venu de la montrer, de la
faire connaître avec quelques détails, si l'on
veut se rendre compte des œuvres de cette
belle vie.

Nous avons entendu un digne prêtre, qui
avait intimement connu la Sœur Saint-Julien
pendant plus de vingt ans, dire un jour d'un
ton convaincu : « Quelle belle âme! elle a

vraiment la trempe de ces femmes fortes que nous admirons dans les annales de l'Église..... » Ces paroles renfermaient un grand fond de vérité. Caractère décidé, jugement solide, bon sens pratique, largeur de vue, finesse d'esprit unie enfin à beaucoup de simplicité, de droiture et de candeur; et en même temps cœur généreux et dévoué, courage viril, volonté énergique; toutes ces rares qualités que tant de saintes femmes mirent à servir Dieu, la chère Sœur Saint-Julien les dépensa largement au service de Dieu et des pauvres; — nul de ceux qui l'ont bien connue n'en doutera; et en travaillant à la sueur de son front dans la vie active durant plus de quarante ans, elle a su faire connaître, aimer et servir Notre-Seigneur! — Du reste, on va le constater.

Il semble d'abord que Dieu avait voulu unir, en cette chère Sœur, à la virilité qui fait les forts, l'aimable simplicité et la candeur du petit enfant que le divin Maître offrait pour modèle à ses apôtres; là était, nous semble-t-il, le charme particulier et comme l'originalité de son caractère, qui n'était rien moins que vulgaire. Du reste, son âme avait reçu amplement et en équilibre parfait les dons de la nature et ceux de la grâce; et comme le serviteur fidèle, avec son énergie toujours en haleine, elle a su faire fructifier les uns et les autres.

Son grand esprit de foi guidait toute sa conduite, et on peut dire que ses conseils, comme ses encouragemeuts, étaient puisés toujours à cette source. C'est la remarque qu'en fait le digne aumônier de l'hôpital qui l'a vue de si près durant plus de vingt ans. « Je dois tout d'abord signaler son grand esprit de foi, écrit-il; il était si vrai, si pratique et si soutenu, il éclairait enfin sa piété d'une si vive lumière qu'il était devenu en elle, on le sentait bien, comme une seconde nature; il se traduisait en tout, dans les grandes lignes comme dans les plus petits détails. C'est cet esprit de foi qui alimentait sa piété si forte, si constante et si tendre; c'est lui surtout qui soutenait dans sa pieuse communauté l'esprit de ferveur et d'exactitude aux exercices de piété. Aussi jamais aucun relâchement ne s'y est introduit, tant sa présence et sa ferveur entraînaient la communauté toute entière.... »

« La grande dévotion de toute ma vie, disait-elle un jour dans l'intimité, a été l'accomplissement de la volonté de Dieu; je n'ai cherché que cela, et en toute chose j'ai essayé de m'y conformer. C'est cette pensée et ce désir qui ont déterminé ma vocation; lorsque je fus interrogée par Mgr notre Évêque d'Aire sur les motifs qui me poussaient à être Fille de la Charité, je ne sus pas lui dire autre chose, sinon que je croyais que le bon Dieu voulait cela de moi et que je ne me sentais pas la force de résister à sa volonté! » C'était grâce à ces vues de la foi que, dans la pratique de tant d'âmes qui venaient la consulter dans leurs embarras divers, elle donnait ces conseils justes et lumineux, toujours appropriés aux besoins actuels et aux circonstances; auprès d'elle, les affaires les plus embrouillées, les questions les plus difficiles trouvaient toujours une solution pleine de bon sens; et en même temps qu'elle donnait la lumière, elle inspirait la confiance qui faisait suivre ses avis.

Connaissant à fond l'Évangile, elle savait en faire les applications les plus justes et les plus heureuses aux difficultés sur lesquelles on la consultait; elle le citait souvent et sur ses lèvres les paroles de Notre-Seigneur ou les scènes évangéliques revêtaient une forme séduisante et prenaient un charme inexprimable; c'était donc à la vraie source qu'elle puisait la vérité qui éclaire et l'onction qui console et apaise. Cette prédilection pour l'Evangile et son désir de connaître à fond la vie de Notre-Seigneur lui faisaient goûter la lecture des Révélations de Catherine Emmerich. Dans ses dernières années, quand la souffrance mettait obstacle à son activité extérieure, elle avait entrepris un petit travail de recherches sur *les amis de Jésus*, — c'est ainsi qu'elle intitulait ses extraits pris dans différents auteurs; et il fallait voir avec quel zèle elle s'en occupait; presque tous les matins, et sans rien négliger jamais de ses nombreuses occupations, elle savait trouver une heure ou deux pour copier et ranger méthodiquement les passages glanés dans ses lectures. Elle a écrit ainsi bien des pages sur les principales figures de l'Evangile qu'elle affectionnait : la Samaritaine, la Chananéenne, surtout les membres de la famille de Béthanie, les bien-aimés du Sauveur; les derniers feuillets sont consacrés à sainte Anne, sa chère patronne, qu'elle vénérait tout spécialement. « Ce petit travail m'aide bien, disait-elle, à ranimer ma pauvre âme et à réchauffer ma ferveur défaillante; lorsque je me sens froide ou distraite à l'oraison, vite j'ouvre mon petit cahier, et je ne me lasse jamais de relire les paroles du bon Maître; que de lumière et de force j'ai puisées là, pour répondre aux desseins miséricordieux de Notre-Seigneur sur moi;... »

Sa spiritualité du reste était simple et toute droite; elle allait à Notre-Seigneur par ses œuvres plus que par de purs sentiments, agissant toujours avec ce mélange de générosité et de bon sens pratique où elle excellait. « La sainteté, disait-elle, ne consiste pas à avoir telle ou telle vertu; mais à faire en toute chose la volonté de Dieu et à tendre de son mieux à l'acquisition de ces vertus, surtout celles de son état... » Pourtant sa piété, si solide et si éclairée, ne manquait pas d'élans affectueux, et elle avait pour Notre-Seigneur une tendresse filiale et pleine d'abandon; son âme de cristal avait pour lui une candeur ravissante, traitant sous ses yeux toutes ses affaires, lui exposant toutes ses difficultés si variées, souvent même combinant à ses pieds le moyen de soulager quelque souffrance qu'on lui avait confiée ou de rédiger un rapport important et ardu.

Dieu, le Père, l'impressionnait davantage : « C'est, disait-elle, une si grande et si écrasante majesté !... » Mais en revanche, avec Notre-Seignenr, elle se sentait tout à l'aise et voyait en lui surtout et avant tout son divin Époux ! « Je ne l'aime pas autant que je voudrais, mais assurément je n'aime rien autant que lui !... » Tel a été l'aveu qu'on a entendu sortir de son cœur. Prédestinée à se sanctifier par la souffrance, comme on le verra, elle aimait de préférence à se le représenter souffrant et chargé de sa croix ; aussi toutes ses compagnes sont unanimes à remarquer, comme une de ses dévotions préférées et de ses pratiques habituelles et les plus recommandées, l'exercice du chemin de la croix ; voici du reste ce qu'écrit une d'entre elles : « Elle le faisait régulièrement tous les dimanches ; et chaque fois que nos règles nous permettent une seconde messe, si pour une raison quelconque elle n'avait pu n'en entendre qu'une, elle suppléait à la seconde par un fervent chemin de croix ; elle le faisait encore l'avant-veille de son départ pour le ciel !... ah ! quelle fête c'était pour nous, alors que ses forces physiques lui

permettaient encore de veiller, — et il y a
à peine deux ans qu'elle ne le faisait plus;
— chacune à notre tour nous faisions la
garde avec elle, et c'est alors, durant un des
intervalles libres de la nuit, qu'elle nous
faisait elle-même un de ces chemins de
croix qui sortaient spontanément de son
cœur embrasé d'amour pour Notre-Seigneur!
Nous étions ravies, et comme les disciples
d'Emmaüs on se disait après : oh! que
durant qu'elle nous parlait, notre cœur était
ardent d'amour pour notre bon Jésus!... »
Du reste, on a trouvé après sa mort parmi
ses papiers, composées par elle ou simplement arrangées, mais écrites de sa main
encore ferme, deux formules de chemin de
croix ayant pour titre, l'une : *Contrition*,
l'autre : *Eucharistie*, et dont chaque station
offre, dans ce but, une exhortation touchante
et vraiment remarquable; — encore un
témoin éloquent de son amour pour Jésus
souffrant!

Avons-nous besoin, après cela, de dire
longuement sa ferveur pour la sainte Eucharistie; bien qu'elle s'en tint ordinairement
aux communions de règle, désireuse surtout de les rendre ferventes et efficaces,

2

plutôt que les multiplier sans besoin actuel et au risque de glisser vers une triste routine qu'elle craignait avant tout, on la voyait profondément absorbée durant la sainte messe, les jours de communion, préparant son âme à l'hôte divin ; puis prolongeant, selon ses besoins et ses loisirs, une de ces ferventes actions de grâces telles que les saints aimaient à les faire...

Dans ses journées si remplies, elle n'avait garde d'oublier l'hôte du tabernacle ; il y avait pour cela des moments réglés, outre les visites à l'improviste et selon les besoins imprévus ; ne pouvant toujours les prolonger, comme son cœur l'eût voulu, elle y suppléait par des élans plus fervents et par le fidèle souvenir qu'elle en emportait. Dès les débuts de leur séjour à Marseille, les pauvres Sœurs, reléguées au loin dans un pavillon spécial du jardin, et privées d'oratoire, étaient obligées d'aller chercher Notre-Seigneur à travers les corridors et les cours dans la chapelle de l'hôpital, — c'était tout un voyage ; — la fervente supérieure se mit de suite à l'œuvre, remua ciel et terre, tira merveilleusement ses plans, fatigua tous les divers représentants de l'autorité militaire et ne s'arrêta que lorsque Notre-Seigneur eut enfin dans la communauté même son étincelant oratoire. Et dès lors, comme elle y venait souvent, y restant le plus qu'elle pouvait en adoration devant son bon Maître! Il fallait la voir en face du tabernacle, à genoux, les mains jointes, les yeux fixés sur cette porte qui lui dérobait l'objet de son amour!... « J'avoue, ajoute la compagne dont nous venons de résumer le témoignage, j'avoue que je l'ai surprise plus d'une fois dans cette attitude d'ange adorateur, et alors comme je me sentais attirée à imiter cette ferveur que seule elle était loin de se croire! »

« C'est sans doute aux pieds de ce divin Sauveur, continue sa compagne, qu'elle avait puisé le secret de si bien parler de Dieu, de Notre-Seigneur et des choses de la piété. Aussi comme ses répétitions d'oraison étaient ferventes et persuasives; quel zèle dans ses instructions religieuses, et quel profit nous en tirions tous les dimanches, car elle ne négligeait jamais ce devoir capital, et elle réussissait si bien! Une parole du divin Maître, un de ses miracles, un fait quelconque du saint Évangile lui

servaient ordinairement de sujet, et quels
précieux enseignements elle savait en tirer,
que de leçons appropriées à nos devoirs
d'état et à nos divers besoins!... Elle avait
aussi l'habitude de nous préparer aux grandes fêtes de l'année, et quel exemple elle
nous donnait en s'y préparant elle-même;
aussi quelle ferveur! il fallait voir sa joie
lorsque, la veille de Noël, à la récréation
du soir, on apportait l'Enfant-Jésus à la
salle de communauté, avant d'aller le cou-
cher dans sa belle crèche de la chapelle! la
belle et pieuse messe de minuit, et les
ravissants cantiques qui la suivaient!....
C'est alors qu'on se souhaitait une bonne fin
et un bon commencement d'année; et avec
quelle cordialité, quel esprit de famille, quel
amour pour le divin Maître!... »

Le Saint-Esprit n'était pas non plus
oublié; elle l'avait pris, on peut dire sans
exagération, pour son intime et habituel
conseiller; cela se voyait bien à son air
recueilli et à la ferveur avec laquelle elle
disait le *Veni Sancte*; à ce sujet elle aimait à
rappeler un petit épisode de son voyage à
Rome; ayant eu le bonheur d'assister à une
audience du Souverain Pontife avec plu-

sieurs Filles de la Charité, Pie IX voulut bien bénir chaque Sœur en particulier; arrivé devant elle, il posa sa main sur la cornette et résumant dans ce souhait tout ce qu'il demandait pour elle, il lui dit d'une voix pénétrante ces deux mots pris dans l'oraison du Saint-Esprit : *Recta sapere!* Ceux qui ont vu la Sœur Saint-Julien à l'œuvre peuvent dire si ce vœu a été exaucé et si elle n'a pas reçu en abondance et sagesse divine et rectitude de jugement!

Ce que nous venons de dire de sa dévotion envers Dieu, nous devrions le répéter de sa dévotion pour la sainte Vierge; dans son long séjour à Marseille, elle avait pris l'habitude de ne l'appeler plus, selon le langage de la Provence, que *la bonne Mère*; et de fait sa tendresse pour elle prenait toutes les formes naïves et confiantes de l'amour filial, et elle se sentait vraiment son enfant, tant ce sentiment était naturel dans son cœur. Nous l'avons déjà rapporté, à peine âgée de quatre ans, elle avait été consacrée à Marie par sa pieuse mère mourante; cette circonstance si frappante pour une imagination d'enfant ne s'était jamais effacée de sa mémoire; et dès lors c'est à sa *Maman du ciel,* selon son naïf langage d'enfant, qu'elle avait confié ses petits chagrins, ses punitions de pensionnaire; et bien souvent, durant son séjour chez les Ursulines, elle s'échappait adroitement, et c'est aux pieds d'une statue de Marie qu'on la retrouvait, lui contant ses petits ennuis et lui faisant part de ses moindres projets; ce cœur qui devait être si maternel et si dévoué sentait le besoin d'épancher le trop plein de son âme dans un cœur de mère, — et privée qu'elle était de sa mère de la terre elle s'adressait tout naturellement à celle du ciel! Du reste l'âge ne changea pas ici ses sentiments, et avec Marie elle resta toujours enfant; au point que, jusqu'à son dernier jour, elle n'aurait pu, le soir venu, prendre son repos, si elle n'avait auparavant demandé la bénédiction de cette bonne mère et baisé avec amour la petite statue posée à côté de son lit.

Cet amour pour Marie Immaculée, elle l'a montré bien des fois et solennellement par l'éclat qu'elle savait donner à ses fêtes et aux moindres cérémonies en son honneur; aussi avec quelle ferveur elle s'y préparait à l'avance; étant musicienne, elle aimait le

chant, et ces jours-là surtout il fallait que
ses vieilles compagnes se missent en frais
et, à l'égal des jeunes filles aux voix fraîches,
fissent retentir les plus beaux cantiques de
leur répertoire. Elle s'intéressait fort aux
Enfants de Marie des paroisses de la ville,
et avait longtemps rêvé de les réunir une
fois par an dans une assemblée générale,
comme cela a lieu à la Maison-Mère; elle y
réussit enfin à force de démarches et de
prières, et ce fut pour elle un vrai jour de
triomphe; dès lors, malgré son âge et ses
infirmités croissantes, elle ne manqua pas
une de ces réunions solennelles; et comme
la dernière année de sa vie ses compagnes
alarmées prétextaient sa grande faiblesse et
voulaient l'en détourner : « Non, non, leur
dit-elle; tant que j'aurai un souffle de vie je
m'y traînerai; et puis, c'est la dernière fois,
je le sens bien; ne me refusez pas cette
consolation!... »

Elle avait une dévotion spéciale pour la
Médaille miraculeuse; aussi avait-elle fait
inscrire sur les murs de la chapelle de la
communauté toutes les paroles que Marie
avait adressées à Sœur Catherine, et elle
avait l'habitude de les relire souvent et de

les faire remarquer aux personnes qui venaient la visiter. Lorsque le Souverain Pontife accorda une fête spéciale pour cette « Manifestation », elle voulut donner toute la solennité possible au *Triduum* qui fut célébré dans sa chapelle; et lorsqu'on eut obtenu le couronnement de la statue de la Maison-Mère, invitée à venir assister aux splendides fêtes qui furent célébrées à cette occasion, elle s'empressa de s'y rendre ou plutôt de s'y traîner, car elle quitta Marseille bien fatiguée et peu sûre de pouvoir arriver au terme du voyage... Mais sa divine Mère lui obtint des forces, et durant ces beaux jours nous l'avons vue avec émotion à la Maison-Mère, vieillie, cassée et comme pliée en deux, mais rajeunie par l'enthousiasme, débordant de joie, les larmes de bonheur aux yeux, assistant sans faiblir et ravie aux cérémonies les plus longues et les plus fatigantes, n'ayant qu'un sentiment au cœur et un mot sur les lèvres : « C'est vraiment le ciel!!!..... »

Outre cette dévotion si tendre envers sa divine Mère, elle avait pour saint Vincent une piété toute filiale, admirant la sagesse de sa doctrine, la merveilleuse influence de

ses diverses institutions, la portée toujours
actuelle et efficace de ses règles ; aussi tous
les jours elle s'efforçait de l'imiter, remer-
ciant Dieu de l'avoir appelée à être une de
ses filles. « Notre vénérable Mère, ajoute
encore une de ses compagnes, était aussi
l'objet de sa vénération et de son imitation :
la fille était capable de comprendre la mère,
et elle se confondait en entendant lire sa vie
si pleine de vertus et de mérites, toute consacrée à l'établissement et à la fondation de
nos saintes œuvres. Saint Michel et son Ange
gardien étaient aussi pour elle l'objet d'un
culte tout particulier et elle attribuait à leur
intercession bien des secours et des grâces
reçues. » « Elle avait, continue une autre,
une grande dévotion à l'eau bénite, et depuis
son enfance elle avait pris l'habitude de s'en
marquer le front avec un signe de croix pour
demander à Dieu de lui conserver l'intelligence jusqu'à la mort, et de la préserver de
toute surprise à ce terrible moment. »

Après Dieu et les Saints, la vénérable
Sœur Saint-Julien aimait la communauté
par-dessus tout, et en toute circonstance elle
était heureuse de lui donner des preuves de
son dévouement ; son attachement et son

dévouement aux Supérieurs étaient sans bornes. Appelée en 1862 à la Maison-Mère en qualité d'officière, elle sortit à son honneur de positions délicates, grâce à son tact et à son grand esprit de foi; plus tard nommée visitatrice des maisons de Provence, plus d'une fois, proclament ses compagnes, pour en remplir les devoirs, elle eut bien à souffrir et même en plusieurs circonstances elle exposa sa vie; mais ses Supérieurs avaient parlé, cela lui suffisait. En chacun d'eux elle voyait Dieu lui-même et leurs désirs étaient des ordres qu'elle se hâtait de remplir, quoi qu'il dût lui en coûter; quelle joie elle avait de leurs consolations, mais aussi quelles angoisses et que de ferventes prières lorsqu'elle apprenait quelque épreuve, quelques tribulations si fréquentes en ces derniers temps!

Après ce qu'on vient voir de son esprit de foi et de sa dévotion envers Dieu, Notre-Seigneur et sa divine Mère, il sera aisé de se faire une idée de son tempéramment

spirituel, ou pour préciser, de sa vertu ; elle
était simple et sans grandes démonstrations
extérieures, mais profondément équilibrée,
avec ce cachet de bon sens, de raison et de
droiture qui frappait tous ceux qui l'approchaient. Rien de particulier ou d'extraordi-
naire ne se faisait remarquer dans sa conduite ; on sentait bien percer dans ses
conseils, dans ses appréciations, le reflet
d'une âme supérieure ; mais tout cela était
accompagné de tant d'aisance et de simplicité qu'il semblait tout naturel de la voir
agir ainsi. Et pourtant, qu'on ne s'y trompe
pas, cette vertu était le fruit d'un effort
caché, d'une lutte constante contre sa vivacité native ; elle avouait aimablement que
toute petite enfant elle avait des accès de
colère qui inquiétaient ses bons parents ;
mais comme son cœur était excellent et
impressionnable, avant même que les reproches eussent prise sur son intelligence, il
suffisait alors, comme nous l'avons rapporté,
de l'attacher à un fauteuil avec un simple
fil de laine, pour avoir raison de ses plus
bouillants emportements. « Oh ! je crois
voir encore ce fil qui me semblait un câble, »
disait-elle parfois en rappelant ces misères

enfantines; et alors l'impression de jadis se réveillant dans son souvenir, tant elle avait été profonde, la bonne mère vieillie prenait instinctivement l'attitude et la mine de l'enfant saisie en faute! Avec le temps et grâce à une lutte énergique de tous les instants, cette exubérance de vivacité avait été insensiblement comprimée et même transformée en énergie et en une généreuse activité; toutefois, pour lui donner l'occasion de perfectionner sa vertu, Dieu n'avait pas voulu l'affranchir entièrement de ces subites reprises de la nature. — « Vous n'avez pas, vous, disait-elle à quelqu'un en parlant un jour de ses luttes, vous n'avez pas des envies de battre les gens; eh bien! j'en ai, moi, et souvent! » Pour l'aider à se vaincre, le divin Maître n'a pas ménagé à cette âme généreuse les occasions de se faire violence, et il faudrait ici rappeler, pour s'en faire une idée exacte, les peines et les travaux, les souffrances et les épreuves multiples de sa longue vie; car à mesure que les années s'ajoutaient aux années, Notre-Seigneur semblait prendre plaisir, comme pour lui donner une dernière parure, à accumuler les ennuis, les tristesses, l'impuissance et les maladies. « Le bon Dieu me prend par morceaux, » disait-elle à mesure que disparaissait sa vigueur d'autrefois; et pourtant rien ne lui semblait une raison suffisante pour retenir son activité et se dispenser des devoirs de sa vocation ou des obligations de sa charge. Dès qu'elle reprenait un peu de force après ses fréquentes et graves maladies, vite elle se remettait à tous les points de la règle avec un empressement et une exactitude admirables; car elle avait vraiment une sainte hâte au service de Dieu qui se communiquait autour d'elle et entretenait la ferveur et l'entrain.

« Notre bonne mère, remarque une de ses compagnes, était la règle même; non-seulement elle nous la prêchait en paroles, mais elle nous donnait continuellement l'exemple de la mettre en pratique, et rien ne lui coûtait pour cela. « Courage, nous disait-elle souvent; si nous observons fidèlement notre règle en tous ses points, nous n'avons rien à craindre pour notre salut. » — A moins qu'elle ne fût gravement malade et condamnée à garder le lit, elle était la première à tous les exercices, et souvent, après des nuits bien agitées et sans repos,

on la voyait se traîner péniblement à la chapelle dès quatre heures et demie et faire
vaillamment l'oraison avec ses compagnes.
Extrêmement laborieuse et toujours en activité, tant qu'elle put, on la vit aller et venir
dans l'hôpital dès le matin, se rendant d'un
service à l'autre, visitant les salles, abordant
les Sœurs, encourageant celles-ci, reprenant
doucement celles-là, surveillant les infirmiers, s'approchant du lit des malades,
ayant toujours pour chacun une douceur,
une attention, un soin maternel, une parole
aimable et réconfortante. Puis après des
heures et sa tournée terminée, ce n'était pas
le repos qui suivait ces allées et venues; à
cette occupation en succédait une autre; et,
à peine rentrée à la communauté et assise à
son bureau, voici un vrai défilé qui com-
mence : Sœurs, médecins, infirmiers et
employés de la maison, souvent les officiers
de l'administration et même peu à peu les
personnes du dehors, car son dévouement et
sa charité ne tardèrent pas à être connus en
ville, et dès lors riches et pauvres, quiconque
avait un besoin physique ou une peine
morale, abordait sans crainte la bonne Mère,
sûr de trouver auprès d'elle, selon les cir-

constances, un secours discret, un bon
conseil, une décision précise, et toujours
un accueil charmant et une bonne parole
d'encouragement. « La première chose qui
frappait en l'abordant, remarque une de ses
compagnes, c'était son aimable simplicité,
son affabilité ravissante, accueillant gracieusement tout le monde, ne faisant jamais
aucune différence entre riches et pauvres,
recevant surtout ces derniers avec cet air de
bonté qui de suite ouvrait les cœurs et
mettait à l'aise. Quel tact, quelle délicatesse
pour deviner les pauvres honteux, et quel
dévouement, quelle finesse pour subvenir,
sans jamais froisser, aux misères les plus
poignantes et d'ordinaire les plus soigneu-
sement cachées!... »

Dès qu'elle avait un peu de répit du côté
des visites, bien loin de se livrer à un repos
souvent nécessaire, avec son activité débor-
dante elle savait vite se créer une occupation,
car « extrêmement laborieuse, remarque
quelqu'un qui l'a bien connue, elle ne perdait
pas une minute et trouvait ainsi le moyen
de suffire non-seulement aux devoirs de sa
charge, mais d'exécuter encore une large
part d'ouvrages manuels; dans les derniers

temps, ne pouvant plus s'appliquer aussi exactement au travail fin, elle faisait du crochet de laine pour les pauvres, et cela avec le goût et la persévérance qu'elle mettait à toutes choses. » Jamais elle ne se désintéressait du reste, même très fatiguée, souffrante et à moitié paralysée, des divers travaux de la communauté. « Quel exemple du travail nous a toujours donné cette bonne mère, remarque la Sœur de la buanderie; elle venait souvent m'aider dans mon office, ne craignant pas de mettre la main à l'œuvre, et on la voyait compter le linge, savonner... A une arrivée de malades de Madagascar, et il en venait par cent et deux cents à la fois, comme j'étais occupée à voir et à compter leur linge plein de vermine, hélas! ma Sœur se présenta pour profiter de cette bonne aubaine; je ne pus m'empêcher de faire la grimace en la voyant arriver; « Vous avez beau dire et beau faire, me dit-elle en se mettant à l'œuvre; je veux moi aussi attrapper aujourd'hui quelques « perles », comme les appelait saint Vincent! » et elle se mit bravement à la peu ragoûtante besogne avec un entrain qui faisait plaisir à voir!... » — « Je l'avais souvent dans mon

office, dit à son tour la Sœur de la lingerie ;
elle m'y aidait des heures durant, s'em-
ployant de son mieux à plier péniblement
des draps ; et comme sur la fin de sa vie je
l'y voyais peiner et suer avec ses pauvres
mains infirmes et toutes tordues de rhumatismes, « Ma Sœur, lui disais-je toute émue
de compassion, je vous en prie, ne vous
fatiguez pas inutilement, je suffirai bien à la
besogne ! — Ah ! me répondit-elle à moitié
déconcertée, je vois bien que je suis une
maladroite, et vous avez peur que je vous
fasse de la mauvaise besogne ; vous y repas-
serez ; mais il faut bien que je travaille un
peu pour nos pauvres malades !... » Et
quelques semaines avant sa mort, toute
affaiblie, courbée en deux et dans un état qui
faisait peine à voir, elle présidait encore
au savonnage et donnait ainsi à ses chères
compagnes l'exemple du travail et d'une
activité sans relâche !

*
* *

Mais il est temps de dire un mot de
l'amour qu'elle avait pour les vertus de son

saint état et de la pratique constante qu'elle en fit, ainsi que des usages et coutumes établies par saint Vincent et la vénérable Mère. Ces vertus ne lui étaient pas naturelles et elle a dû bien travailler pour les acquérir; en 1889 elle écrivait à une amie : « Je vous fais l'aveu que depuis longtemps je travaille sérieusement à devenir humble, douce, patiente — et je n'y arrive pas; voyez, il y a des moments de subit effondrement; soudain tous mes échafaudages roulent à terre, c'est toujours à recommencer! Aidez-moi, je vous en supplie, je compte beaucoup sur vous; oh! la belle œuvre de charité que vous ferez, et comme je vous en serai reconnaissante!... » A l'exemple de ses saints fondateurs qu'elle avait pris pour modèles, elle se faisait petite, vivant retirée au milieu de sa chère famille; et si les devoirs de sa charge l'obligeaient à paraître, c'était toujours avec une telle modestie que tout le monde en restait édifié. Elle, la femme supérieure et de tant de distinction naturelle, ne se croyait capable de rien; elle était convaincue que la dernière de ses compagnes pouvait faire mieux qu'elle. Que d'actes d'humilité elle a pratiqués, que de démarches faites auprès de personnes dont elle n'avait reçu que des procédés fort peu engageants; mais l'occasion était bonne pour recevoir une humiliation, et elle ne reculait pas; que de traits édifiants on pourrait raconter, si elle n'avait pas mis tous ses soins à les bien cacher.

« Notre bonne Mère, remarque une de ses compagnes, possédait à un haut degré toutes les vertus; elle aimait surtout à pratiquer celles de notre saint état, l'humilité, la simplicité et la charité; elle nous les recommandait toujours, dans les répétitions d'oraison, à la conférence et dans les petits conseils qu'elle nous donnait en particulier. Dès mon arrivée à l'hôpital, je fus très touchée de sa grande modestie qui faisait si bien ressortir son humilité rare; car elle était humble partout et dans toutes les circonstances; bien souvent des inspecteurs, des généraux venaient faire leur visite officielle dans l'hôpital; ma Sœur Supérieure y assistait toujours, même dans ses dernières années si dures et si pénibles; mais c'était son devoir, et le devoir était tout pour elle. Ces messieurs ne manquaient jamais de la féliciter et de lui adresser des éloges, car ils la connaissaient de réputation ; ma Sœur conservait son calme, et on voyait bien à son air que tout cela lui était profondément indifférent. »

« Un jour, rapporte une autre de ses compagnes, M. le médecin en chef étant venu la voir, il la trouva dans son cabinet à écrire : « Comment, Madame la Supérieure, vous êtes ici sans tapis, les pieds sur le carreau ! Mais c'est trop froid pour vous, et de ce pas je vais vous envoyer un tapis ! » — « Un tapis, Monsieur, répartit la Mère, jamais ! les pauvres n'en ont pas, et ils sont nos maîtres ; puis, j'ai fait vœu de pauvreté, j'ai promis de pratiquer l'humilité et la simplicité ; je vous remercie de votre délicate attention, mais vous me permettrez bien de garder mes règles ! » — « Vos règles, reprit le major, mais vous avez un supérieur ; eh bien ! je vais lui écrire, et nous verrons !… » En effet la permission arriva — et le tapis aussi… mais il passa vite à la chapelle !… « Quelle honte, disait l'humble fille ; moi avoir un tapis dans notre cabinet !… » Mais le jour où elle eut le plus à souffrir sous ce rapport fut incontestablement celui où, au milieu des troupes rangées dans la cour

d'honneur, musique en tête, tambours bat-
tants et enseignes déployées, elle fut condamnée à venir recevoir la croix de la Légion
d'honneur, de la main du général comman-
dant le 15ᵉ corps d'armée, entouré d'un
brillant état-major ravi de la belle cérémonie !
mais qui n'était ni ravie ni triomphante,
c'était la pauvre Supérieure ! elle eût préféré
être, disait-elle, cinq pieds sous terre, — car
il n'avait fallu rien moins qu'un ordre du
Supérieur général pour la faire obéir... et
elle avait dû se préparer à son *exécution*,
comme elle disait, plusieurs jours d'avance ;
et quelques jours après, elle en frémissait
encore.

Si elle pratiquait ainsi l'humilité, la simplicité avait pour elle des charmes tout particuliers, et avec son grand air de distinction
native elle avait une simplicité qui frappait
tout d'abord et ravissait vite tout le monde ;
dès le premier abord, à ses premières paroles,
on se sentait à l'aise et on avait le cœur
ouvert ; combien de personnes en ont fait la
remarque en se retirant embaumées et ravies
d'un tel accueil. C'est sans doute le reflet de
cette vertu qui, jusqu'à sa mort, attirait vers
elle les petits enfants ; ils étaient si heureux

de recevoir les caresses de la bonne Mère, comme ils l'appelaient !

Mais où elle a surtout excellé, c'est dans la pratique de la charité ; — et ici les détails et les traits à rapporter seraient infinis. Nous avons vu que sa piété était active, mettant au service de Dieu tout ce qu'elle avait de ressources, de facultés et d'énergie ; il nous faut ajouter qu'elle avait la même activité de cœur à l'égard du prochain et dans ses affections ; en elle la charité se traduisait bien plus par des actes que par des sentiments ; elle était vraiment ingénieuse pour trouver le moyen de réjouir, de consoler, d'assister et de faire un peu de bien, — quand elle ne pouvait en faire beaucoup ; elle trouvait toujours une forme délicate et touchante pour adoucir une souffrance et rendre un service ; et son imagination si féconde l'aidait merveilleusement alors. Comme elle aimait à dilater les cœurs autour d'elle, et ses compagnes peuvent dire avec quel tact et quel entrain elle combinait de petites fêtes de famille pour leur procurer un peu de joie, au milieu de leurs travaux continuels et souvent écrasants. Du reste, c'est elles qui étaient bien légitimement le premier objet de sa charité vraiment maternelle. Ecoutons-en quelques-unes :

« Après mon séminaire je fus envoyée à mon postulat pour me remettre des suites d'une fièvre typhoïde contractée pendant le siège de Paris; j'étais bien faible, mais je ne demandais qu'à être placée pour me dépenser; ayant eu occasion de venir à l'hôpital militaire avec ma Supérieure, « Mon Dieu, s'écria Sœur Saint-Julien en me voyant, que cette pauvre enfant a l'air faible! — Oui, répond ma Supérieure, elle l'est beaucoup trop; mais cela ne l'empêche pas de crier jour et nuit après son placement; elle me désole vraiment! — Tenez, répartit la bonne Supérieure de l'hôpital, voici, prêtez-la moi, elle me rendra quelques services; je la soignerai bien, et nous verrons ensuite! » Je restai, et de bon cœur; mais c'était après la guerre et la commune, la besogne ne manquait pas, car plusieurs Sœurs étaient malades, et d'autres n'étaient pas encore rentrées des ambulances; je ne tardai pas, avec ma santé si faible et les soins qu'elle exigeait, de craindre d'être à charge, au lieu d'apporter du secours; « Rassurez-vous, ma pauvre enfant, me dit un jour la bonne Supérieure qui avait appris mes craintes, et rappelez-vous bien que les malades n'ont jamais été à charge ; elles sont au contraire une bénédiction pour la maison ; ainsi c'est dit, et ne craignez plus ! » Grâce à sa sollicitude et à ses soins maternels, voilà près de trente ans que je suis dans la maison ! Que Dieu en soit béni, et notre bonne Mère aussi ! »

« J'étais au Séminaire, écrit une autre, quand je vis ma Sœur Supérieure qui était alors officière ; sa vue m'imposait, mais je me sentais attirée vers elle par son air de bonté. Ah ! me disais-je intérieurement, si je pouvais l'avoir un jour pour Supérieure ! Justement, à ma prise d'habit, je fus désignée pour l'hôpital militaire de Marseille. « Que vous êtes heureuse, me dirent plusieurs de mes compagnes du Séminaire qui venaient d'être postulantes dans cette maison ; quelle bonne Mère vous allez avoir ! » Inutile d'ajouter qu'il ne me fallut pas longtemps pour en faire moi-même la douce expérience ; et depuis, si je pouvais raconter tous les traits de sa bonté !... » — « Que dirais-je, écrit une troisième, de son support, de son amabilité, de sa charité, pour ses compagnes en particulier ; sachant toutes nous utiliser selon notre capacité, étant pour chacune de nous une véritable Mère ; et pour nos familles, avec quelle prévenance, avec quelle affabilité elle les recevait ; pour moi, je lui dois la première lettre que j'ai reçue de ma pauvre mère après mon départ ; sur une lettre, mais si touchante et si aimable de ma bonne Supérieure, elle n'y tint plus et se hâta de m'écrire pour me pardonner de l'avoir quittée pour le bon Dieu. »

Car, nous devons le faire remarquer, des Sœurs sa charité s'étendait à leur famille ; leurs intérêts étaient les siens, leurs ennuis l'objet de ses préoccupations ; et ici encore, que de traits de sollicitude nous pourrions citer de sa part. « Ma pauvre famille avait éprouvé de grands malheurs, écrit une de ses compagnes ; ma bonne Sœur Supérieure n'eut point de repos qu'elle n'eût fait son possible pour la soulager ; elle écrivit au notaire de l'endroit, envoya visiter et assister mes pauvres parents ; que ne fit-elle pas dans sa sollicitude maternelle !... Et pour un de mes neveux qui se trouvait sans ouvrage et malade à Paris et n'en pouvait revenir, faute de ressources, comme elle se montra vraiment mère !... Quelle reconnaissance je lui dois !... »

« J'étais de la fondation, raconte une autre, et c'est bien à sa charité que je dois d'avoir persévéré dans ma chère vocation. Ayant été du nombre des compagnes atteintes du typhus, j'en restai longtemps bien affaiblie; et comme par suite je me laissais aller au découragement, craignant de ne pouvoir plus jamais travailler, la bonne mère s'en aperçut et m'appelant dans son bureau avec bonté : « Allons, allons, me dit-elle, ma pauvre fille, pourquoi cette tristesse et ces préoccupations? Soyez bien tranquille, je vous garderai toujours, malade ou bien portante; ne songez qu'à vous résigner à la sainte volonté de Dieu, sa grâce ne vous fera jamais défaut; et quant à moi, je serai toujours heureuse de vous aider à bien apprécier et à bien suivre votre chère vocation... »

« Notre bonne mère, rapporte une autre, avait grand soin de ses compagnes malades; c'est auprès d'elles, dans l'infirmerie, qu'elle venait se reposer de ses fatigues et respirer un moment en leur tenant compagnie; c'est auprès de leur lit qu'elle faisait d'ordinaire sa correspondance et se livrait à son travail de bureau. Un jour qu'elle venait d'en assister une à ses derniers moments avec un dévouement et une tendresse de mère, se tournant, après lui avoir fermé les yeux, vers une postulante qui l'avait aidée : « Voyez, mon enfant, lui dit-elle en regardant la jeune fille émue, voyez comment meurent les filles de la Charité!..... » — Aussi on disait à l'hôpital qu'il était doux de mourir entre les bras de la Mère Saint-Julien; elle savait si bien soutenir et rassurer les âmes, pour les jeter avec confiance entre les bras de Dieu! On le vit bien à la mort de la chère Sœur Julie; très malade elle-même on ne put la retenir et l'empêcher de courir auprès de sa plus chère compagne, pour l'aider maternellement dans son agonie et lui fermer les yeux!... Ah! qu'il était vrai, profond et qu'il en dit long ce cri qui s'échappa un jour de son âme : « Mes compagnes, mais elles sont la vie de mon cœur! et, ajoutait-elle, elles en sont aussi le baromètre!... »

Les postulantes, inutile de le remarquer, étaient l'objet de ses soins les plus attentifs, car elle comprenait toute l'importance de ce premier essai; aussi ne leur ménageait-elle pas les avis, les épreuves, les reproches

même, quand c'était nécessaire ; mais en
retour de leur bonne volonté, quelle sollicitude de tous les instants, quel dévouement
et quelle tendresse, qui allaient les pour-
suivre durant leur vie entière !... Oh ! que
de bien elle a fait ainsi, car il y avait toujours plusieurs postulantes à l'hôpital, et
durant son séjour à Marseille elle en a vu
défiler et elle en a formé plus de deux cents !
Aussi quels souvenirs embaumés et recon-
naissants de leur part ; et que de témoignages
enthousiastes nous aurions à rapporter ici ;
écoutons-en une pour toutes les autres :
« La première fois que je me présentai à
elle pour lui demander la faveur de faire
mon postulat, « Mon enfant, me dit-elle, en
me fixant d'un regard profond, songez-y
bien à l'avance, car vous auriez des
mécomptes ; il ne faut pas venir en communauté pour vous rechercher et y trouver vos
aises ; vous aurez tous les jours à soigner
des malades inconnus ; il faudra comme une
mère les nettoyer, panser leurs plaies souvent rebutantes, vider leurs crachoirs, etc.,
etc... » Et comme une Sœur présente sou-
riait légèrement à ces mots, « Faut-il bien,
reprit-elle, lui faire connaître, sans les

déguiser, ses futurs devoirs; à quoi bon
l'illusionner ? Saint Vincent ne le veut
pas!... » Ce mot me frappa, et du coup je
fus fixée sur ce qui m'attendait, sans me
laisser entraîner par un enthousiasme irré-
fléchi, comme cela n'arrive que trop. Je
n'entrerai pas dans le détail de tout ce
qu'elle fit pour moi durant mon postulat, à
quoi bon? C'est si facile à deviner de la
part d'une telle Mère; j'ajoute seulement
que sans elle je n'aurais jamais triomphé
des combats que j'eus à soutenir de la part
de ma famille. »

Mais la charité de notre bonne Sœur
Saint-Jullien n'embrassait pas seulement
ses compagnes et ses anciennes postulantes;
plus large, à l'instar de celle de Dieu, elle
rayonnait en dehors de sa maison et allait
chercher et trouver au loin à qui faire du
bien. « Combien de fois, dit une de ses
compagnes, sachant ici ou là nos Sœurs de
la ville ou de la banlieue surchargées de
besogne ou de peine, ne nous a-t-elle pas
demandé de leur faire le savonnage et le
repassage; et quand, par suite de maladie
ou autrement, une maison était en souffrance, si elle le pouvait, même en se

génant, elle ne manquait pas de prêter une
de ses compagnes pour leur venir en aide. »
— Un jour une jeune Supérieure étant venue
la consulter pour quelques difficultés, laissa
percer discrètement et sans autre but son
étonnement à propos de la pénurie de linge où
elle avait trouvé sa nouvelle maison; la charitable visitatrice ne releva pas le mot; mais
elle ne le laissa pas tomber à terre; et quelques jours après, une belle caisse bien garnie
arrivait à l'adresse de la nouvelle Supérieure
qui ne put jamais savoir clairement d'où elle
lui venait, mais qui le soupçonna fort!

Parfois c'était au loin et en s'exposant à
de grandes douleurs, vu son état de souffrance, qu'elle devait aller exercer son zèle
et sa charité; mais rien ne l'arrêtait, du
moment qu'il y avait du bien à faire à des
pauvres compagnes éprouvées; et puis, elle
savait si bien sanctifier ses voyages; écou-
tons ici une de ses filles qui a eu le bonheur
de l'accompagner quelquefois : « Quand
notre bonne Mère devait visiter quelque
maison de la région, elle nous faisait tirer
au sort, et ainsi chacune de nous avions le
bonheur de l'accompagner. C'est alors que
toute la bonté de son cœur se déployait sur

la compagne ainsi favorisée ; elle était d'une amabilité sans pareille ; et quelles ressources dans son génie inventif pour nous faire passer le temps sans ennui et nous élever toujours l'âme vers le bon Dieu ! Ici, c'était un beau site ou une riche plaine qui nous invitaient à louer l'auteur de ces ravissantes merveilles ; là, les flots calmes de la mer unie à perte de vue qui devaient nous rappeler l'immensité de Dieu ; plus loin, un clocher qui nous appelait à offrir nos adorarations à l'hôte divin du tabernacle ; nous étions aussi invitées souvent à saluer les anges gardiens des nombreux villages que nous longions rapidement... Il va sans dire qu'on était toujours fidèles à faire tous les exercices de piété aux heures de la Communauté et en union avec nos chères compagnes de l'hôpital ; enfin rien n'était oublié de ce qui de près ou de loin pouvait contribuer à sanctifier notre voyage. « Quand je vais en mission, nous disait-elle avec son grand esprit de foi, je n'ai peur de rien ; je suis entre les mains du bon Dieu, car c'est lui qui m'envoie ; il me doit les grâces nécessaires ; — et jamais elles ne m'ont fait défaut !... » — Nous nous en apercevions bien, ajoute la bonne Sœur, à la joie et à la paix que nous laissions dans les maisons ainsi visitées!... »

*
* *

Avec son grand cœur et les relations nombreuses que peu à peu elle fut obligée d'avoir dans une grande ville, il est naturel que la Supérieure de l'hôpital militaire se soit créé, comme malgré elle, bien des connaissances intimes, et se soit attaché bien des cœurs; nous en avons pour preuve les larmes versées à sa mort dans Marseille, et les nombreuses lettres désolées qui affluèrent de bien des points de la France et même de l'étranger, venant de familles de militaires ou d'employés qui avaient séjourné à Marseille; nous sommes obligés de nous restreindre, mais on nous pardonnera bien une petite exception. « A l'époque où la chère Mère Saint-Julien, nous écrit-on, voulut bien assister ma mère dans une opération douloureuse, elle ne pouvait venir auprès de sa chère amie malade aussi souvent qu'elle l'aurait désiré; mais elle se faisait alors remplacer par une de ses fidèles compagnes, et la chargeait toujours de nous porter quelques fleurs de son petit jardin, accompagnées d'un petit mot aimable; elle avait tant de délicatesse et d'à propos!... Lorsque j'étais dans la peine, elle me faisait parfois inviter aux messes et cérémonies de sa chère petite chapelle, et s'approchant doucement de moi elle murmurait à mon oreille avec affection : « J'ai pensé que cette petite goutte de baume ferait du bien à votre pauvre cœur! » — Et quand j'étais éloignée ou empêchée de venir auprès d'elle lui demander un peu de réconfort, quelles bonnes et ravissantes lettres elle m'écrivait!... » Nous ne résistons pas au plaisir d'en montrer quelques extraits.

« Que vous êtes bonne d'avoir compris que mon cœur avait besoin de recevoir des nouvelles de notre chère et respectable malade! Je ne vous ai guère quittées depuis que je vous sais en route, car toutes deux vous souffrez beaucoup, l'une physiquement, l'autre moralement; et quoique ces souffrances se confondent, je reste convaincue que la dernière est la plus cruelle. Je prie

Notre-Seigneur de vous soulager toutes deux; pour l'une, je demande la patience; pour l'autre, le courage; et pour l'une et l'autre, la résignation, la confiance et l'abandon à la volonté divine. Si Madame votre mère guérit, nous serons dans une joyeuse reconnaissance et, à sa première visite à la chapelle de l'hôpital, je lui promets un *Magnificat* chanté avec tout l'élan du cœur! Si au contraire le bon Dieu ne permet pas cette guérison, eh bien! la résignation a encore son charme pour l'âme chrétienne! Vouloir ce que Dieu veut, et le vouloir parce que Dieu le veut, par amour pour sa sainte volonté, — c'est ce que le monde ne peut comprendre; mais l'âme qui aime et qui se sent aimée est heureuse de s'abandonner au vouloir divin!... En attendant la solution de ces jours d'anxiété et de cruelles épreuves, disons souvent à Jésus : Seigneur, celle que vous aimez est malade!... — Vous savez où et par qui fut dite autrefois cette parole, et vous savez aussi ce qui la suivit!... Confiance donc, et malgré les souffrances et les accidents redisons-la toujours! »

Plus tard, après que cette chère mère fut morte, la pauvre orpheline, depuis longtemps résignée à la volonté de Dieu, recevait cette bonne lettre de sa seconde mère : « Bonne fête, ma bien chère enfant! Je vous embrasse et vous serre sur mon cœur avec la plus affectueuse tendresse, au nom de celle qui là-haut, près de la Mère du Ciel, demande pour vous les plus abondantes bénédictions, ainsi que pour tout ce que vous demandez vous-même avec tant d'abnégation et de générosité. Courage, confiance et persévérance! Qui, plus que Dieu, connaît le prix d'une âme; vous qui êtes très large, très grande, vous lui en demandez plusieurs à la fois; or, retenez bien ce que je vais vous dire : Notre-Seigneur ne les *donne* pas, les âmes; et de même que pour elles il a consenti à être *vendu*, en revanche il les fait *payer cher!* et malgré que la vôtre lui soit privilégiée, il vous les fera peut-être payer un peu moins cher qu'à d'autres, mais il faudra toujours les payer, attendez-vous-y!... Pour moi, je vous envoie mon modeste cadeau, — un cadeau de Sœur, une image qui est l'expression de toute ma pensée;... J'y joins le sacrifice de ne pas aller moi-même vous embrasser; car on vous dira que le cher Époux, me trouvant toujours en guenilles, veut me parer... et il m'en fait voir et passer de belles!... J'ai fait pourtant un petit progrès; jusqu'ici je n'avais jamais osé lui dire : « Vous voulez que je souffre, *fiat!* » J'y ajoute maintenant : « La bête est à vous, ne vous gênez pas! » — et il y prend peine — ou plaisir, je n'en sais rien; mais la pauvrette est joliment bousculée!... Priez un peu pour elle, afin qu'elle sache doucement accepter la pénitence, sans trop faire de ruades ni de grimaces!... »

Encore une petite citation, car on ne se lasserait pas. « Que vous êtes bonne, au milieu de vos peines et de tous vos ennuis, de songer aussi généreusement à mes bien-aimés pauvres, mes seigneurs et mes maîtres! Je leur demanderai qu'ils prient tout particulièrement pour vous, et vous savez que la prière du pauvre va droit, comme celle des petits enfants, vers le cœur de Jésus! Comment pourrait-il en être autrement, puisque vous pourvoyez aux besoins de ceux que le bon Dieu appelle les *siens!* Merci, ma bonne fille; laissez-moi vous appeler ainsi, car ce nom est bien l'expression de mon affection pour vous, et il met mon cœur à l'aise. Si vous saviez comme il vous aime!... Après

tout, c'est l'œuvre du bon Dieu; vous ne me
cherchiez pas; moi, je ne vous connaissais
pas; à première vue, je n'ai pas fait un pas
vers vous; et la première fois que j'ai parlé à
votre mère et à vous, j'ai aussitôt senti en
mon cœur un sentiment de vieille et sincère
affection... Expliquez cela! Pour moi, j'y
vois l'œuvre du bon Dieu. Il savait qu'il allait
vous imposer de durs sacrifices! il savait le
vide où allait se trouver votre cœur!... les
angoisses, les peines, les ennuis qu'il vous
fallait accepter!... et comme son cœur est
bon, il a voulu que près de vous vous ayez
une seconde mère, une amie sincère; — il y
en a si peu sur la terre! Eh bien! laissez-moi
vous dire que mon cœur est tout ouvert au
vôtre, qu'il sent tous vos chagrins, et les
partage sincèrement; seulement, je ne puis
faire tout ce que je voudrais, car je suis
vieille, malade... tantôt ce sont les jambes
qui refusent leur service, tantôt la tête ne
me permet pas de tenir la plume... et voilà
qu'il faut passer pour paresseuse ou autre
chose, tandis que je suis en pénitence!...
Adieu, ma chère enfant; je vous quitte, car
on me dérange à chaque ligne, et je ne puis
causer à l'aise avec vous, comme je le vou-

drais. Encore une fois, merci ; demain nous allons, grâce à vous, porter la joie dans onze foyers ; la joie du pauvre est aussi agréable à Dieu que sa souffrance lui est pénible ; vous allez donc contribuer à donner de la joie au divin Enfant de la crèche ; et lui, en retour, vous donnera la paix qu'il a fait promettre aux âmes de bonne volonté !... Que nous sommes heureuses de comprendre toutes ces choses qui réveillent en notre âme et y font fleurir la foi, l'espérance et l'amour ! Tout est là !... »

Oui, vraiment tout est là, et nous avons ici le résumé des sentiments intimes de cette belle âme : la charité, l'amour de Dieu ! et non point dans un vague idéal et par des aspirations de rêve, mais d'une manière précise et pratique, par l'amour des pauvres et par l'amour de la souffrance ! Il nous reste justement à faire voir rapidement comment Dieu lui donna ce double amour dans une mesure peu commune, pour achever de couronner sa vertu.

***

D'abord l'amour des pauvres; — et sans doute, ici, rien d'étonnant; car, sans cet amour, aurait-elle été vraiment Fille de la Charité? Or, nous tenons à le prouver, elle l'a été foncièrement et d'une manière éminente; elle l'a même été de fait avant de l'être de droit et de nom par son entrée dans la Communauté; car nous l'avons vue, tout enfant, aimer déjà les pauvres, les visiter et leur distribuer consolations et secours, à la suite de son vénérable père. Comment s'étonner que cet instinct divin, aidé par les grâces de sa vocation, entretenu par la sainte contagion des exemples et du milieu où elle a vécu plus de cinquante ans, ait acquis des proportions extraordinaires et soit devenu, vers la fin, comme un besoin et ait acquis une force irrésistible ! Ecoutons des témoins irrécusables et quotidiens pour nous en convaincre.

Et d'abord le digne aumônier de la Maison : « La bonne Mère Saint-Julien était une femme de tête, et vraiment supérieure;

mais elle était surtout femme de cœur. Aussi son nom, connu de tout Marseille, était avec éloge sur toutes les lèvres. Le jour de ses funérailles, j'ai cueilli moi-même au passage cette réponse adressée à quelqu'un qui s'étonnait d'un tel concours de peuple : « Ah! si toutes les personnes à qui elle a fait du bien étaient à son cortège, la route serait pleine jusqu'au cimetière, et l'on ne pourrait plus bouger!... » Cet éloge était certes mérité; car la Sœur Saint-Julien a été vraiment la Providence des pauvres!... » — « Sa charité, nous rapporte une de ses compagnes, était inépuisable à l'égard de tout être souffrant, mais surtout à l'endroit des pauvres honteux; ceux-là étaient l'objet de ses plus minutieuses attentions; elle leur procurait des provisions toutes les semaines, et avec quelle délicate attention, s'occupant comme une mère du linge, des vêtements, des enfants qu'elle faisait placer ou dont elle continuait l'éducation... une vraie Providence! » — « Que de personnes notre bonne Mère a aidées, encouragées, consolées! Que de fois nous avons toutes entendu dire presque journellement par des personnes qui sortaient de son bureau : « Quelle bonne inspiration d'être venue ! J'avais une bien grande peine, tel souci, tel embarras insurmontable... J'ai eu le courage de tout confier à votre sainte Supérieure, et j'en bénis Dieu, car tout ira bien désormais!... »

« Comment dire sa charité pour les pauvres, remarque une autre compagne; elle devinait tous leurs besoins, et souvent j'ai entendu dire à plusieurs : « Mais la Mère Saint-Julien est vraiment inspirée de Dieu! » et de fait elle l'était.. Combien de fois je l'entendais la nuit parler seule et murmurer des prières; je me levais à la hâte la croyant malade; elle commençait par me gronder, se reprochant de me déranger; puis elle me disait : « Que voulez-vous, j'ai de la peine; nous voici bien couchées, et telle pauvre famille n'a plus de lit, et couche sur des caisses, sans draps ni matelas!... » et alors, c'étaient des arrangements, des combinaisons, des projets... et dès le lendemain matin, il fallait se mettre en marche, courir, chercher et finir par combiner un petit ménage; car avant, elle n'avait pas de repos; et ce n'était pas tout; car elle était la providence de ces pauvres familles, jusqu'au moment où elles pouvaient se suffire. Là-dessus on ne tarirait pas, si on voulait rapporter tout ce que nous avons vu!... »

« Tout ce qui souffrait, ajoute une dernière, avait pour elle un attrait irrésistible; et on pouvait bien lui appliquer la parole de saint Vincent, les pauvres étaient son poids et sa douleur! Cette digne fille d'un tel Père n'aimait rien, après Dieu, comme ses amis; c'était sa peine, son souci, sa préoccupation constante. Il semble que Dieu lui avait surtout réservé le lot privilégié des malheureux d'ici-bas, je veux dire les pauvres honteux. C'est ici que la délicatesse de son cœur s'est dévoilée toute entière et dans sa fleur! Quelle façon de faire la charité à ces misères d'autant plus navrantes qu'elles mettaient plus de soins et de raffinements à se tenir cachées; quelles recherches pour les découvrir, quelle habileté et même quelles innocentes ruses pour les amener peu à peu à se laisser deviner; et alors quelles inventions délicates pour leur venir en aide sans en avoir l'air!... La bonne Mère avait vraiment une savante stratégie à son usage; et comme elle était devenue habile à s'en servir!... et dire encore, qu'à l'entendre, c'était elle qui était l'obligée!... »

Nous ne pouvons en pareille matière citer des traits particuliers, et rapporter des faits naturellement restés ensevelis dans l'ombre et le silence, vu le milieu où ils ont lieu d'habitude; — et Dieu sait pourtant s'ils sont fréquents à Marseille! — On peut cependant, en descendant à un niveau moins élevé, se faire une idée de cette admirable charité. « Trois pauvres demoiselles, raconte une Sœur, étaient tombées dans la misère noire par suite de pertes énormes éprouvées par leur père. « Il nous faut absolument les tirer de là, me dit un jour ma Sœur, — c'était quelque temps avant sa mort; — venez avec moi! » et nous voilà parties en ville, allant de magasin en magasin, achetant ici et là tout ce qu'il faut pour monter un petit ménage, ustensiles, literie, linge et le reste...; et quand elle eut loué un logement et installé ces pauvres filles qui n'en revenaient pas d'étonnement, elle voulut leur faire une visite et malgré ses douleurs elle grimpa jusqu'à un troisième étage, tout essoufflée!... Mais il fallait voir sa joie en constatant que rien ne manquait, et en admirant la surprise de ces pauvres filles. « Allons, c'est bien, me disait-elle en par-

tant, les voilà remontées et en train ! » —
Et dès le lendemain c'était un autre sauve-
tage qui recommençait !... »

« La Sœur chargée de la bibliothèque des
malades fondée par notre bonne Mère, était
allée un jour porter des livres à relier ; elle
s'aperçut vite que le pauvre relieur, dans sa
misérable échoppe, était dénué de tout et
n'avait pas même de quoi acheter un peu de
cuir et de carton pour commencer son
ouvrage ; vite elle revient à l'hôpital et
raconte à la Mère l'état du pauvre ouvrier.
Inutile d'ajouter qu'elle se hâta de lui envoyer
des avances, afin qu'il pût se procurer quelques fournitures ; et dès lors elle ne le perdit
plus de vue, lui procura du travail, lui
acheta même une machine pour activer sa
besogne, etc., etc.; et comme le brave
homme, avec l'habitude du travail reprise,
avait senti le besoin de se ranger, car il
vivait mal et était en concubinage, notre
bonne Mère l'amena doucement à reprendre
ses habitudes chrétiennes, fit réhabiliter son
mariage, et pour qu'il pût se reposer le
dimanche honnêtement avec sa petite famille,
après les offices religieux, elle lui loua un
modeste cabanon dans la banlieue, selon

l'habitude traditionnelle des bons ouvriers marseillais... C'était une famille reconstituée, sauvée et si bien lancée que peu à peu, à force de travail, d'ordre et d'économie, notre brave relieur put acheter son cher cabanon et devenir propriétaire!... »

Si sa charité et son dévouement allaient ainsi chercher et trouvaient au dehors des malheureux à qui elle pût faire du bien, que dire de sa bonté et de sa tendresse pour les pauvres soldats malades de l'hôpital, qu'elle regardait et traitait comme ses enfants; — et ici elle n'avait que l'embarras du choix, tant les salles étaient d'ordinaire encombrées de blessés, de malades, de fiévreux; car les épidémies y étaient fréquentes, périodiques; sans compter les arrivages de bateaux, combles de malades, venant successivement de tous les rivages lointains, à chacune de nos nombreuses et difficiles expéditions coloniales, et déversant au port d'arrivée leur triste contingent habituel. Il fallait alors suffire à ces nouveaux besoins; tout préparer d'avance, accueillir les pauvres victimes exténuées par les fatigues, les privations, les fièvres et la maladie; les installer convenablement malgré leur nombre; les soigner avec un personnel devenu insuffisant, fatigué et souvent réduit aux abois... Et alors, malgré sa santé d'ordinaire mauvaise, et, vers les dernières années, perclue de douleurs et comme disloquée par les rhumatismes, on voyait la vieille mère, car ses compagnes étaient impuissantes et devaient renoncer alors à lui faire garder sa chambre d'infirme, on la voyait se traîner péniblement de salle en salle, inspectant tout, veillant à tout, se multipliant pour que « *ces pauvres enfants* », comme elle les appelait, ne manquassent de rien, et reçussent, non-seulement les soins nécessaires, mais encore quelques petites douceurs de mère, qui leur fissent attendre patiemment les compensations légitimes et le bien-être du foyer paternel si ardemment désiré!... Ah! que de charité, d'affection et de tendresse vraiment maternelle témoignée dans ces circonstances, si fréquentes qu'elles avaient fini par constituer comme l'état habituel; et qui pourra jamais dire, et même imaginer, quel riche trésor de dévouement y fut vraiment prodigué pendant plus de quarante années!... Ici certes les traits abonderaient, et nous n'avons qu'à choisir, car les compagnes qui survivent en ont le souvenir embaumé; cueillons-en rapidement quelques-uns.

« Tout d'abord et dès le principe, rapporte une Sœur, beaucoup de malades entrés en convalescence eurent des moments d'ennui, étant privés de toute distraction; « Ah! si nous pouvions avoir une petite bibliothèque à leur usage, disait souvent ma Sœur Supérieure; comme ces pauvres enfants seraient heureux de lire quelques bons livres intéressants et qui en même temps leur ferait un peu de bien!... » Un beau jour, après avoir plus chaudement plaidé leur cause auprès des Sœurs, elle nous inspira l'idée de nous cotiser, pour nous faire participer à la bonne œuvre; — mais ce fut elle surtout qui s'arrangea pour les principales ressources; sans lui rien dire, nous avions pu nous procurer une cinquantaine de volume que nous rangeâmes dans une petite salle; puis on l'y amena comme par hasard; comment dire sa surprise et son bonheur! « Merci, mes biens chères Sœurs, s'écria-t-elle; rien n'eût pu me faire plus de plaisir; voici notre chère bibliothèque commencée; que Dieu la bénisse et lui donne accroissement! » C'est ce qui arriva; car peu à peu et grâce à quelques

petites loteries organisées dans ce but, grâce
à la largesse de quelques familles amies et
dévouées, grâce surtout à ses propres ressources et à ses petites industries, elle est
parvenue à installer une belle bibliothèque
de plus de quatre mille volumes intéressants;
et nos chers malades ont en abondance de
quoi passer agréablement et non sans fruit
les longs loisirs de leur convalescence, sans
s'exposer aux pièges de l'ennui ou aux dan-
gers plus redoutables encore des mauvais
livres si répandus aujourd'hui!... »

« Quelque temps après notre arrivée à
l'hôpital militaire, raconte une des plus
anciennes compagnes de la vénérable Supérieure, nous apprenions un jour qu'il venait
d'entrer au port un bateau rempli d'un très
grand nombre de nos pauvres soldats blessés
ou malades; on était au moment le plus
pénible de la guerre de Crimée. Bien que
nos salles fussent encombrées et que tout le
personnel fût absorbé par les soins continuels qu'exigeaient tant de malades, ma
Sœur informée de cette arrivée et inquiète de
l'état des pauvres soldats après une longue
traversée, sans attendre leur débarquement
prend deux compagnes et autant d'infirmiers

approvisionnés de vin et de quelques douceurs, et la voilà partie vers le port, après
s'être munie de la permission de l'intendance.
A peine montées à bord, sans nous laisser
rebuter par les difficultés que soulèvent
les médecins, nous descendons empressées
auprès des malades entassés à fond de cale...
Je n'oublierai jamais le spectacle qui s'offrit
là à notre vue! Deux à trois cents blessés
ou fiévreux gisaient là, pêle-mêle sur la
paille, pâles, anéantis, semblables à des
morts!... A peine ils nous ont aperçues que
soudain de tout côté à la fois retentissent
ces cris : « Ma Mère! ma Sœur!... à moi,
à moi!... » N'ayant certes que l'embarras du
choix, nous nous mettons à distribuer nos
petites provisions, sucre, gâteaux, petits
verres de vin de Malaga, etc...; la distribution dura longtemps, car ils étaient nombreux, et plus d'un se sentant réconforté
dût se présenter plusieurs fois... Mais ma
Sœur ne se lassait pas de les servir, de les
dorloter, les encourageant par de douces
paroles de mère, promesses de guérison
prochaine, perspective du foyer de famille,
etc., etc... — Et tout en parlant elle continuait de verser toujours ses petits verres

réconfortants, heureuse de les voir ragail-
lardis et comme ressuscités... Après des
heures qui nous parurent courtes, comme
nous rentrions harassées mais heureuses :
« Eh bien! nous dit ma Sœur, en avons-nous
fait de la besogne? Et comment notre petit
panier de vin a-t-il pu suffire à une telle
distribution?... Je crois bien que le bon Dieu
s'en est mêlé et a opéré une vraie multipli-
cation!... » — Et pourquoi pas? ajoute la
bonne Sœur qui nous fait ce récit.

« Pendant cette même guerre de Crimée,
rapporte une autre Sœur, parmi les nombreux
malades qui nous arrivaient, nous en reçûmes
un qui ne donnait presque plus signe de vie,
tant il était anémié par suite des privations
et des souffrances qu'il avait endurées; touchée de son état, ma Sœur Supérieure
s'approche de lui, et avec son grand air de
bonté : « Comment cela va-t-il, mon pauvre
enfant, lui dit-elle en essuyant son front;...
et de quel pays êtes-vous donc?... que fai-
siez-vous avant la guerre? » Touché de cette
bonté et de cet intérêt, le pauvre malade
ouvre avec effort ses yeux où brillèrent deux
grosses larmes, et d'une voix bien faible,
mais tremblante d'émotion : « Merci bien,

ma bonne Sœur, lui dit-il péniblement; oh!
je suis de bien loin, des hautes montagnes;
et j'y avais, avant de partir pour la guerre,
un si beau troupeau de brebis et de si gentils
agneaux!... ah! ajouta-t-il, si seulement j'en
pouvais revoir un!... » — et un rayon de joie
perça à travers ses larmes; — « Je mourrais
plus content!... » Ma Sœur, sans lui répondre, se hâta de le quitter, tant elle était
émue; « Vite, me dit-elle, coûte que coûte,
il faut trouver un agneau! » Et elle n'eut de
repos qu'elle n'en eût déniché un, bien gentil,
qu'elle voulut lui apporter elle-même pour
jouir de son bonheur... et au milieu de ses
camarades intrigués, on vit le malade ouvrir
un œil mourant, et en apercevant soudain la
petite et innocente bête qui s'était mise à
bêler tendrement, par un dernier effort se
levant sur son séant : « Oh! que tu es beau,
mon petit! s'écria-t-il! » et il se mit à l'embrasser et à le couvrir de caresses... Dans la
salle on riait, mais on pleurait aussi! — il va
sans dire que, grâce à son nouveau compa-
gnon, notre pauvre berger se reprit à la vie,
acquit des forces peu-à-peu, et put enfin
revoir ses chères montagnes et y reprendre
la conduite de son cher troupeau! »

« En 1890, ajoute la même compagne, il y avait à l'hôpital un élève d'administration, très peu religieux et dont la conduite laissait fort à désirer au point de vue de la moralité; un jour la Sœur chargée des officiers malades vint trouver notre mère et lui dit : « Monsieur X..., vient de tomber malade, très sérieusement menacé de perdre la vue, il est désespéré, et j'ai peur d'un suicide!... » Ma Sœur supérieure fort alarmée court à la chapelle, récite avec angoisse un fervent *Souvenez-vous* à la Mère de miséricorde, et se rend sans retard auprès du pauvre prodigue qui l'accueille fort mal, malgré ses avances et l'intérêt qu'elle lui témoigne. « Cela ne fait rien, dit-elle à la compagne de l'office, je reviendrai!... » En effet elle ne manqua pas de revenir, et plusieurs fois; — mais sans grand résultat... Enfin, un jour, après avoir prié et fait bien prier pour le pauvre malheureux, elle se présente devant lui, un livre à la main, et lui offre gracieusement de le désennuyer en lui faisant une petite lecture; — ce qui ne fut pas refusé... Ce fut le point de départ d'un changement inattendu et vraiment remarquable; car petit à petit et à mesure

que la clarté du jour matériel baissait et que
les ténèbres envahissaient plus épaisses ses
yeux du corps, la lumière surnaturelle de la
grâce divine éclairait les yeux de sa pauvre
âme, depuis si longtemps aveuglée...; et
enfin, un beau jour, à force de sollicitude et
de prières, notre vénérée mère eut le bonheur de l'accompagner radieuse à la table
sainte et de le rendre à sa mère, — aveugle,
mais converti et transformé en chrétien
résigné!... »

« Un sous-officier revenu de Madagascar,
dit à son tour une autre Sœur, après avoir
été soigné par nous, était entré en convalescence, et joyeux faisait ses préparatifs de
départ pour rentrer dans sa famille. Il était
très rangé et avait gardé ses économies
pour s'astiquer un peu et faire son voyage;
or, malheur! la veille de son départ, il
constate à son réveil qu'un camarade indé-
licat, profitant de son sommeil, a mis la
main sur son petit trésor qui a disparu tout
entier; sa douleur était navrante... Il n'en
fit pas moins ses petits préparatifs tout
désolé, et comme il venait me remercier, je
lui aperçus aux pieds des souliers dans un
tel état de délabrement, qu'un va-nu-pieds

ne les aurait pas ramassés dans la rue... Je cours vite vers ma Sœur et lui conte l'aventure. « Tenez, me dit-elle en me tendant un louis, achetez-lui de bonnes chaussures, et donnez-lui le restant pour sa route... » On suppose bien que le pauvre « retour de Madagascar » ne refusa pas l'offre, et il partit heureux en bénissant sa bienfaitrice et toutes les bonnes Sœurs.

« En 1880, témoigne encore une Sœur, j'avais un infirmier très pieux dans mon service, et parfois je le voyais pleurer silencieusement, tout en pliant le linge et en vaquant vaillamment à sa besogne; intriguée j'en fis part à notre mère; « Tâchez donc, me dit-elle, de savoir le motif de ses larmes. » Je le fis, à la première occasion; « Oh! ma Sœur, me répondit le pauvre garçon, si vous saviez mon malheur! figurez-vous que ma pauvre mère est protestante!... Je l'aime tant..., et dire que je serai séparé d'elle toute l'éternité!... Oh! tenez, j'ai beau faire et prier, je ne puis m'habituer à l'idée d'un pareil malheur!... » et en parlant ainsi, le pauvre garçon éclatait en sanglots... J'en fus fort touchée, et notre bonne mère également, car je lui rapportai ces paroles au plutôt. Elle fit venir l'infirmier, le questionna avec bonté, le consola de son mieux, et lui donna bon espoir en lui disant : « Faites-moi venir votre mère et priez bien avec moi. » Sur les vives instances de son fils, la pauvre femme se rendit volontiers auprès de la bonne Sœur supérieure, et entr'elles eut lieu un long et fort touchant entretien... Quand elle en sortit, la pauvre protestante était déjà catholique de cœur! elle avait un catéchisme à la main, qu'elle montra triomphante à son fils; et aidée de notre charitable aumônier, elle se mit bravement à l'œuvre pour parfaire son instruction. Quelque temps après, notre chapelle fut témoin d'une belle fête, bien touchante par sa double cérémonie : Un baptême d'abord, avec ma Sœur pour marraine; et puis une première communion où le fils accompagna la mère! on se demandait qui des trois était le plus heureux!... Ce que nous savons, c'est qu'il y fut versé de bien douces larmes!... Quelque temps après, le cher infirmier de la lingerie partait pour Paris, faire son noviciat de frère lazariste; et plus tard, en écrivant à notre mère Saint-Julien, le très honoré Père lui disait : « En me donnant ce

Frère, c'est un vrai cadeau que vous m'avez fait! »

Pourquoi faut-il nous arrêter!... Mais encore un fait, avant de finir cette édifiante revue. « Un jour, en faisant une distribution de tabac, si enviée toujours, la bonne mère remarqua un malade tristement blotti dans un coin et qui, son tour arrivé de recevoir sa part, s'excusa poliment et remercia, disant qu'il ne fumait pas. Intriguée, la distribution finie, notre mère demanda à la Sœur : « Qu'est-ce que ce malade à l'air mystique et qui ne fume pas? » — « Ma Sœur, c'est un pauvre jeune homme inconsolable d'avoir dû quitter son petit séminaire où ses parents ne pouvaient plus payer sa pension!... » Elle mande l'ex-séminariste dans son bureau, l'interroge avec intérêt et le console de son mieux... Mais ce ne fut pas tout; le jour même, et sans lui rien dire, elle écrit une lettre confidentielle à son supérieur; et sur les renseignements reçus, convaincue qu'elle a là un élu du Seigneur, elle se met à l'œuvre, fait toutes les démarches — qui furent longues et difficiles; mais le jeune caporal réussissait, grâce à la bonne mère, à rentrer au séminaire; et aujour-

d'hui il est curé dans le diocèse de Lyon...;
il est vrai que sa paroisse est aussi pauvre
que lui, mais l'expérience lui a procuré une
adresse à laquelle il n'a jamais écrit en
vain, et il en a profité pour orner peu à peu
sa misérable église ! » — « Et ce pauvre
infirmier, continue notre Sœur inexorable,
cet infirmier qui, grâce à notre Mère est
devenu religieux franciscain, et qui en
apprenant notre deuil récent nous adressait
une belle et longue lettre désolée et toute
pleine des éloges de celle qu'il appelle lui
aussi sa mère... ».

Mais notre bonne et chère Sœur finirait par
abuser avec ses traits, bien que charmants
et vraiment édifiants; d'autant plus qu'il est
temps de se demander la cause explicative
de tant de bien opéré par cette humble Fille
de la Charité. A cette question la réponse
est facile, et un mot explique tout : l'amour
et la pratique généreuse de la souffrance.

Il n'est pas besoin d'avoir une grande
expérience dans les voies de la spiritualité

pour rester convaincu que l'amour et la pratique de la souffrance sont le partage providentiel et comme le trait le plus caractéristique des âmes prédestinées par Dieu à faire beaucoup de bien; les exemples en sont innombrables dans l'histoire des saints, et si l'on veut avoir l'explication de ce phénomène surnaturel, il faut remonter jusqu'au modèle lui-même et au prototype de tous les sauveurs d'âmes, jusqu'à Notre-Seigneur Jésus-Christ, qui par la volonté de son Père a dû opérer la rédemption du monde dans la souffrance et par la souffrance, *Oportuit pati Christum*. De bonne heure notre chère Sœur Saint-Julien a dû méditer, comprendre et pratiquer cette importante doctrine; du reste, elle était la vraie fille imitatrice de son généreux Père, saint Vincent, dont elle savait par cœur les exemples et goûtait la belle doctrine à ce sujet. « Ah! voudriez-vous bien être sans souffrir, et ne vaudrait-il pas mieux avoir un démon dans le corps que d'être sans aucune croix?... Il faut nous résigner au bon plaisir de Dieu pour souffrir tout ce qu'il lui plaira, tant et si longuement qu'il lui plaira. C'est ici la grande leçon du Fils de Dieu; et ceux qui s'y rendent dociles sont de la première classe de ce divin Maître!... » Cette semence tomba sur une terre riche et porta des fruits abondants. — Nous allons l'indiquer.

Voici tout d'abord les sentiments intimes de Sœur Saint-Julien à ce sujet. C'est à une âme d'élite qu'elle écrit, visitée elle aussi par l'épreuve et bien digne de goûter cette grande et forte doctrine. « Courage et confiance, ma chère enfant! Mettez-vous bien en face de la croix, tout à côté de la bonne Mère abîmée de douleur, et là laissez couler sur votre âme le sang de Jésus!... La souffrance, vous le savez déjà, est le lot des âmes privilégiées!... Notre-Seigneur n'a jamais été sans sa croix, et je suis convaincue qu'il se propose tout simplement de faire de vous une sainte, en vous réservant les épines les plus douloureuses de sa couronne. Ayez la générosité de les accepter, même avec un vrai sentiment de reconnaissance! Considérez Marie, notre bonne et douce Mère; n'a-t-elle pas mérité d'être proclamée, sur la terre et dans le ciel, la *Reine des martyrs?* Je cours la prier pour vous. car on sonne l'exercice de son mois béni. » — Et encore : « Que votre lettre d'hier m'a causé de peine!

Je comprends toutes les tortures de votre cœur, et je les partage une à une... Déposez au pied de la croix les paroles si amères d'hier, priez Notre-Seigneur de les regarder et de les couvrir de son précieux sang. Restez avec Marie au pied de cette croix et ayez confiance en Jésus qui épure votre âme par amour et pour la rendre digne de lui. Là, ma chère enfant, vous ne perdrez pas la paix, cette paix que Jésus donne et que le monde ne connaît pas!... Courage et confiance! »

— Et quelque temps après, elle revient encore et toujours à la même et si importante leçon. « J'espère vous voir ce soir auprès du bon Jésus exposé dans notre chapelle; serai-je libre en ce moment? Je l'ignore, mais je tiens à vous dire que pendant ma première adoration de ce matin je lui ai beaucoup parlé de vous, le priant de vous soutenir, de vous éclairer, de vous conduire, de vous fortifier et d'être votre plus suave consolation. Pauvre fille, Dieu éprouve les siens, mais les épreuves sont presque toujours le prélude de grandes consolations... »

Et d'où lui venait donc cette conviction profonde et cette facilité persuasive, éloquente, entraînante, en parlant de la souf-

france? Ah! sans doute de Dieu et de la
grâce; mais aussi, il est temps de le dire,
de ce qu'elle a toujours beaucoup et bien
souffert, surtout dans la seconde moitié de
sa vie. Elle écrivait en 1889 : « Laissez-moi
vous remercier de votre bonne visite d'hier;
si vous saviez comme vous m'avez rendue
heureuse et en même temps confuse! Il me
tardait tant de vous voir, et Notre-Seigneur
qui aime fort qu'on pratique la mortification
m'en a bien donné l'occasion en me rendant
si souffrante que, un mois durant, j'ai dû
me réduire à l'état de vraie recluse. Il savait,
ce bon Jésus, que si je ne pouvais aller vous
voir, je me donnerais au moins la consolation de vous écrire; et voilà qu'il s'est plu
à me démettre le poignet droit!... La vue
d'une plume me faisait bondir, mais son
poids me faisait pousser des cris de douleur;
aussi, ne pouvant la manier, ma pauvre
petite patience était vite à bout... et je me
demandais si je ne m'étais pas un peu trop
dorlotée; ma conscience ne m'a pas trop
répondu, mais mon cœur m'a fortement
grondée, et il avait certes bien raison. Laissez-moi maintenant vous remercier de la
confiance que vous avez bien voulu me

témoigner. Je ne comprends pas beaucoup la joie, n'y croyant pas; en effet celles du monde sont si rares, si courtes, si incomplètes; — mais la souffrance, cette lie du calice que Notre-Seigneur offre à toutes les âmes et qu'il verse en abondance à celles qu'il aime d'un amour de prédilection! Oui, la souffrance c'est la part que le bon Dieu m'a donnée par ma chère vocation, lorsqu'il m'a dit : « Je vous confie tous les pauvres, tous ceux qui pleurent, tous ceux qui souffrent; votre mission est de les consoler!... Aussi comme je les aime!... »

Du reste ce qu'elle même ne fait ici qu'indiquer sommairement, ses compagnes et les personnes qui l'ont connue dans l'intimité vont nous le révéler en détail. « Le bon Dieu l'a épurée par toutes sortes de souffrances, aucune ne lui a été épargnée, souffrances physiques et morales, épreuves de tout genre et de toute espèce... mais ce qui l'a surtout désolée, c'était ses peines intérieures. Depuis quelque temps la pensée de la mort et d'une mort prochaine ne la quittait plus; elle tremblait en se voyant, les mains vides, devant son souverain Juge!... Oh! que cette épreuve a été dure pour elle; que de nuits sans sommeil elle lui a fait passer! Je l'entendais alors gémir, et soudain murmurer de touchantes supplications qui m'arrachaient des larmes : « O mon bien-aimé Jésus! mettez-moi donc malgré mon indignité profonde dans votre cœur sacré!... Je vous en supplie, soyez-moi propice!... Gardez-moi bien, car vous savez que je vous aime par-dessus tout!... » Et avec quelle résignation elle portait, sans jamais se plaindre, tout ce poids si lourd qu'elle a dû traîner si longtemps! Je lui en parlais un jour en la plaignant, et je vis alors un je ne sais quoi de céleste illuminer ses traits amaigris, et comme un rayon de lumière percer dans ses yeux... « Que voulez-vous, ma pauvre fille, me dit-elle; la soumission à la volonté de Dieu, voilà notre perfection!... »

Une autre âme entre dans plus de détails. « Les dernières années de la vie de cette sainte Mère ont été marquées par de bien nombreuses épreuves, soit pour la santé, soit pour le cœur. La mort de M. Dazincourt, en la privant d'un guide et d'un appui qui avait toute sa confiance, laissa dans sa pauvre âme une empreinte de détachement plus complet; elle sentit vivement la privation de ce fidèle conseiller, mais elle ne s'en tourna vers Dieu qu'avec plus d'énergie. Les peines intimes ne lui ont pas été épargnées; on devinait parfois son angoisse dans les petits mots qui échappaient à son cœur oppressé; mais en même temps sa vertu se révélait par un parfum de si grande résignation, qu'il était aisé de comprendre l'action de la grâce; en l'épurant ainsi, Notre-Seigneur n'avait qu'un désir, celui de la sanctifier et de la perfectionner dans la mesure qu'elle se livrait à lui... — Les souffrances physiques, les maladies, les infirmités étaient aussi des instruments de ce travail de Dieu sur elle; et on peut dire qu'il a fallu son indomptable énergie pour lutter ainsi contre les défaillances si fréquentes et si profondes de sa pauvre santé! Après chaque secousse, — et alors que nos cœurs avaient peine à reprendre confiance, — nous la voyions se remonter avec courage et lutter contre nos sollicitudes, pour se remettre à la règle. La patience lui était peu naturelle, — on en a déjà fait la remarque; — aussi quels efforts elle avait à faire journellement pour la conserver; et cependant quels beaux exemples elle nous a donnés! Les rhumatismes, en emprisonnant successivement chacnn de ses membres, arrêtaient bien sa vivacité d'allure ordinaire, et l'obligeaient à demander bien des petits services; mais elle y mettait tant de simplicité et d'humilité qu'on était touché autant qu'heureux de les lui rendre. Un jour en parcourant les salles et les corridors de l'hôpital, son tablier vint à se détacher; impossible de pouvoir le remettre sans aide, — et pas une compagne autour d'elle; elle fut obligée de prier un infirmier de l'aider à le rajuster; « Ah! que j'ai eu de peine ce jour là, disait-elle après, et combien j'ai senti l'état de dépendance où le bon Dieu m'a réduite! mais c'est sa volonté; et puis je mérite bien ces petites humiliations, j'étais si heureuse de n'avoir besoin de personne!... » — Après l'avoir arrêtée dans son activité, le bon Maître lui imposa une nouvelle et bien dure épreuve : la surdité dont elle a beaucoup souffert durant quelques années; malgré toute sa résignation, elle s'affligeait de cette infirmité qui portait préjudice, croyait-elle, aux devoirs de sa charge; que de privations elle a endurées ainsi, surtout avec sa nature si vive, si active, si

expansive!... Je n'entrerai pas dans le détail
de ses grandes et si graves maladies qui
plusieurs fois, à des années d'intervalles,
nous firent craindre de la perdre; que
d'exemples admirables de simplicité et de
résignation elle donna pourtant dans ces
douloureuses circonstances! J'aime mieux
m'attacher à donner quelques détails sur la
dernière année qu'elle a passée sur la terre;
— ce fut comme le dernier rayonnement de
cette âme si belle. »

« Le voyage de la chère mère à Paris,
lors du couronnement de la Vierge de l'Apparition, s'était accompli en juillet et août
sans trop de fatigue; elle nous était revenue
ravie des belles fêtes dont elle avait été
l'heureux témoin, et formant déjà dans son
cœur le projet de les imiter de son mieux à
Marseille, en faisant couronner la Vierge de
la petite chapelle intérieure. Mais en octobre
ses forces semblèrent diminuer; une indis-
position sans caractère précis arrêtait son
activité ordinaire, et nous commencions à
redouter pour elle un hiver pénible et lan-
guissant. C'était bien autre chose que le
bon Dieu nous réservait!...

Le 2 novembre, jour des Morts, tandis

qu'elle travaillait dans la salle de communauté, la Sœur qui était auprès d'elle la vit soudain qui laissait tomber son ouvrage et paraissait s'affaisser; et en même temps sa parole s'embarrassait un peu. Vivement émue elle-même et comprenant que son état pouvait devenir grave, dès qu'elle se sentit un peu remise, elle se fit accompagner jusqu'à sa chambre; grâce aux soins dont on se hâta de l'entourer, elle reprit insensiblement toute sa liberté, et dans la soirée tout danger de rechute paraissait conjuré. La nuit fut calme et bonne; mais au matin, vers 7 heures et demie, une seconde attaque plus caractérisée lui enleva la connaissance et la parole. Quel moment de terribles angoisses, on l'imagine aisément!... Pourtant après un quart d'heure environ de prostration complète, la chère malade parut se ranimer, et nous nous aperçûmes qu'elle reprenait toute sa connaissance; mais hélas! la parole ne revint pas en même temps; on pouvait craindre une troisième attaque qui serait fatale, et l'Extrême-Onction lui fut administrée sans retard. Son bon regard résigné suivait attentivement tout ce qui se faisait autour d'elle et nous exprimait dans son muet langage, en même temps que sa tristesse, sa généreuse acceptation de l'épreuve voulue de Dieu..... Cependant navrées de la perte de la parole si pénible pour elle, et comprenant ici l'impuissance absolue des moyens humains, nous nous tournâmes instinctivement vers la Vierge puissante, et aussitôt on commença une neuvaine à laquelle la chère malade s'unit de tout cœur, car la lucidité de son esprit était reconquise et persistait complète; on plaçait sur sa langue impuissante une Médaille miraculeuse ayant reposé sur le fauteuil de la sainte Vierge de l'apparition, et l'on priait avec la plus grande ferveur... Notre confiance ne fut pas trompée, et après une semaine de larmes et de supplications, notre pauvre malade essaya de bégayer en s'unissant à nous : « O Marie, conçue sans péché, priez pour nous qui avons recours à vous! » et réussit assez bien; mais tandis que la santé générale s'affermissait assez vite, le bon Dieu permit, pour éprouver la pauvre mère, que l'embarras de la parole et la gêne du bras droit ne disparussent que très lentement; et c'est alors que nous avons vraiment pu admirer sa vertu et son entière soumission à la volonté de Dieu. La parfaite lucidité de son jugement et de ses idées lui permettait de sentir et d'apprécier l'étendue du sacrifice qui lui était imposé ; car il fallut en quelque sorte lui apprendre de nouveau à parler, lui indiquer ses mots et la deviner pour traduire sa pensée. Parfois, après des tentatives et des essais infructueux, elle s'arrêtait impuissante ; et alors son regard se fixant sur nous, elle s'efforçait par un signe de nous traduire sa peine et sa résignation ; — mais jamais une plainte, jamais un mouvement d'impatience, et c'était vraiment admirable, vu son extrême vivacité. »

« Cependant le 27 novembre, fête de la Médaille miraculeuse, elle voulut organiser et présider elle-même la petite solennité du couronnement de la sainte Vierge, comme elle l'avait projeté avant cette terrible secousse ; et on s'efforça de lui donner un caractère de touchante reconnaissance ; après les tristes jours que nous venions de passer, c'était bien le sentiment qui faisait battre les cœurs à l'unisson !... La fête fut fervente et joyeuse ; et le beau diadème posé sur le front de Marie Immaculée semblait être notre

ex-voto de gratitude. A la fin de la cérémonie, M. l'aumônier eut un mot délicat en
accord parfait avec les circonstances, et sa
parole fut l'interprète fidèle de tous les
cœurs. — L'hiver se passa pour la chère
mère dans le même état d'impuissance, de
souffrance et de parfaite résignation; mais
son énergie prenait si bien le dessus que
nous pouvions nous réjouir des petits progrès qu'elle faisait à force de patience et de
courage. Ainsi elle essayait d'écrire un peu,
afin de reprendre tout son travail et de
remplir les devoirs de sa charge jusqu'au
bout; et si parfois elle laissait deviner la
peine qui oppressait son cœur, c'était dans
l'intimité et toujours pour exprimer à Dieu
sa filiale et amoureuse résignation : « Bonté
divine, soupirait-elle alors, oui, j'accepte
cette épreuve et je me soumets à votre
sainte volonté! je vous offre de tout cœur
ces souffrances pour l'expiation de mes
péchés, et je reconnais que j'en ai mérité
bien davantage encore! Je veux tout ce que
vous voulez, et je m'abandonne à vous, ô
mon Dieu, comme à mon bon Père!... » et
ces paroles étaient dites avec tant d'onction,
avec un sentiment si profond, si humble et

si confiant que les larmes nous en venaient aux yeux en l'entendant. »

« Mais il était aisé en même temps de comprendre que l'angoisse torturait aussi sa pauvre âme; car tout en crucifiant son corps par l'impuissance d'agir, le bon Dieu semblait avoir voulu décupler l'activité de son esprit, et par de vraies anxiétés de conscience, par la pensée habituelle de la mort et la crainte de ses jugements, il la conduisit au jardin de l'agonie et l'y retint longtemps!... C'était une ressemblance de plus avec le divin Epoux, et, comme l'ange consolateur, cette pensée servait à la reconforter et l'aidait à répéter de tout cœur son *Fiat!*

« Cependant, au mois de mars, nouvelle épreuve et nouvelles craintes : une fluxion de poitrine se déclare, aggravée encore par sa grande faiblesse. Comme d'habitude et instinctivement, on eut recours à Dieu et on commença de ferventes prières; mais un moyen plus puissant sur le cœur de Notre-Seigneur fut sans doute héroïquement employé, et nous eûmes après coup la ferme conviction que le rétablissement rapide de la chère malade fut dû à une magnanime substitution... En effet, une de ses compagnes les plus anciennes et les plus chères s'alitait quelque temps après la mère, et soudain sa maladie prenait un tel caractère que, malgré les soins les plus intelligents, elle fut vite à l'extrémité et rendit le dernier soupir! Que s'était-il passé dans le secret de son cœur entre cette âme et Dieu? Nous l'ignorons; mais ce qui est bien certain et fut remarqué de tous, c'est que cette mort, qui en d'autres circonstances eût tué la bonne mère, fut le signal précis de sa convalescence et comme la cause de sa résurrection! — Quoi qu'il en soit, les forces revinrent vite et assez complètement pour lui permettre de passer un bon été; les petits malaises de l'hiver précédent avaient disparu, et elle s'était remise avec entrain à son travail ordinaire. Au mois de juillet, elle eut la consolation de recevoir dans sa chapelle Mgr Tanoux, récemment sacré, à Marseille, évêque de la Martinique; vieille connaissance de la mère, il avait tenu à lui marquer sa reconnaissance filiale en offrant chez elle le sacrifice de la messe et en donnant la confirmation à un soldat malade; sa parole d'adieu fut une promesse de retour pour le mois d'octobre 1899, époque où l'on se félicitait d'avance de pouvoir célébrer les noces de diamant de la chère mère ! »

« Hélas ! cette belle fête ne devait pas se célébrer sur la terre ; avant cette époque, Notre-Seigneur allait convier sa fidèle épouse aux noces éternelles !… En dépit de son activité et de sa vigueur d'âme, de cœur et d'intelligence qui dominait en elle l'affaiblissement du corps, tout le monde était obligé de constater que la vieillesse arrivait à grands pas. Son corps amaigri et courbé semblait ne plus se soutenir que par l'effort continu de la volonté ; mais cette volonté était si énergique qu'elle lui communiquait quelques forces factices ; et ainsi nous nous entretenions dans l'illusion de la faire vivre et de la conserver encore des années. Mais pour elle, il n'y avait pas d'illusion, et ces derniers jours rendus n'étaient qu'un court répit miséricordieux dont il fallait se hâter de profiter. « Je sens bien, disait-elle un jour dans l'intimité, que mes forces diminuent vite ; ce que je pouvais hier, je n'en suis plus capable aujourd'hui… Il faut que je me prépare à rendre mes comptes…, mais, ajoutait-elle en gémissant, que présenterai-je au bon Dieu? — Eh! ma mère, lui répliquai-je, vos cinquante-neuf ans de vie religieuse, de charité, de dévouement!... — Vous n'y entendez rien, me dit-elle vivement; le bon Dieu ne juge pas comme les hommes; il ne regarde pas les œuvres, mais la pureté d'intention; et on peut se satisfaire en se dévouant beaucoup; — et alors que restera-t-il?... Ah! il y aura bien des surprises au jugement de Dieu, et nous ne savons pas ce que nous trouverons en quittant ce monde!... »

***

C'est pour se préparer à cette rencontre avec le Souverain Juge et y mettre en quelque sorte la dernière main, que dès le mois d'août elle voulut faire sa retraite annuelle; malgré la fatigue et les chaleurs, elle en suivit tous les exercices avec la ferveur d'une jeune Sœur, à la grande édification de tous ceux qui en furent les heureux témoins. Ces généreuses dispositions étaient d'autant plus méritoires que le bon Dieu continuait à la

la faire boire au calice des amertumes intérieures; mais toujours simple et généreuse,
elle ne se plaignait pas, ne cherchant qu'à se
résigner pour plaire ainsi à son divin Maître;
elle savait si bien au reste voiler ses peines
aux autres et en garder le secret au bon
Dieu! Mais, malgré tout, l'épanouissement
de sa sainteté se trahissait à son insu et
mettait dans les cœurs amis un double sentiment contradictoire de joie et de peine; de
joie, à la vue des progrès de son union à
Dieu; de peine, à la pensée que l'heure de la
séparation approchait.

« Nous redoutions avec raison le mois de
novembre qui ramenait l'anniversaire de la
crise terrible qui avait failli nous l'enlever,
l'année précédente; elle y pensait aussi,
mais sans nous en parler et pour se bien
préparer. Le jour de la Toussaint : « Oh! la
belle fête, nous dit-elle, mais bien triste,
elle nous rappelle tant de séparations!...
Ceux de nos amis que nous cherchons au
ciel aujourd'hui, nous ne les avons plus sur
la terre avec nous!... » — Les premiers
jours du mois se passèrent assez bien, elle
se préparait à solenniser en grande pompe
et ferveur la fête du Bienheureux Perboyre

qu'elle aimait et avait toujours honoré de son mieux ; cependant elle ne conseillait pas de l'invoquer pour obtenir des guérisons dans les maladies ; « Il a trop bien participé aux souffrances du Sauveur, disait-elle, et il comprend trop bien le prix des croix pour nous les épargner ; il préfère nous obtenir la patience et la résignation ! »

Le samedi 5, elle s'occupa activement toute la journée, et le dimanche elle travailla encore et acheva de régler ses comptes, pour que tout fût en ordre. A 11 heures 1/2, au son de la cloche annonçant l'examen qui précède le dîner, la mère prévenue laissa ses écritures avec l'empressement d'une jeune novice, et obéit au signal, à la grande édification des personnes présentes. Le soir encore, elle accompagna sur l'harmonium le chant des soldats au salut ; Dieu voulait ainsi la prendre les armes à la main ! La récréation fut très gaie à la communauté, selon l'usage des dimanches, on y jouait au loto, et tout en perdant fréquemment, comme d'habitude, la chère Mère se réjouissait de voir gagner ses filles, car c'était elle-même qui fournissait les petits objets servant d'enjeu.

Cependant elle s'était couchée en pensant à la belle fête du lendemain, et après avoir échangé quelques paroles édifiantes avec la compagne qui l'assistait, « Voyez, ma fille, lui dit-elle, toute notre sainteté doit se résumer en deux mots : aimer et souffrir!... »
— Vers 9 heures 1/2, elle se sentit tout d'un coup saisie par un grand frisson intérieur accompagné de tremblements; appelant alors sa compagne, « Je crois, lui dit-elle, que je vais avoir un grand accès de fièvre! » On chercha immédiatement à la réchauffer pour amener une réaction; et comme les poumons semblaient se congestionner, on essaya quelques ventouses. Après minuit, l'amélioration ne se produisant pas, on songea au médecin qui accourut à la hâte, approuva tous les remèdes essayés, mais ne put dissimuler ses craintes; le cas était très grave! La congestion en effet, après avoir débuté aux poumons, gagnait sensiblement le cerveau, et vers le matin la tête était prise et la malade assoupie... En ce moment la communauté se rendait à la chapelle pour commencer la fête du Bienheureux Perboyre; quand on apprit les tristes détails de cette nuit d'angoisses et les grandes appréhensions qu'on avait,

le deuil et la tristesse remplacèrent la joie dans tous les cœurs; au lieu de chants joyeux, il n'y eut plus que des prières ferventes, — et cette fois elle n'allaient plus pouvoir lutter contre le vouloir divin! Toute la journée se passa dans ces angoisses mortelles; quant à la chère malade, toujours même état somnolent et comateux…; elle ne parlait pas, ou très peu, un mot à peine.

Sur le soir, les médecins revinrent en consultation, hochèrent tristement la tête et se retirèrent, ne laissant que fort peu d'espoir. Cependant on renonce si difficilement à conserver ceux qu'on aime; et puis nous avions tant de fois déjà obtenu grâce du ciel et répit pour notre chère mère, que nous ne perdions pas encore l'espoir de faire violence à Dieu, et un peu de confiance survivait au fond de nos pauvres cœurs… Mais dès les premières heures de la nuit, il devint évident que le mal inexorable gagnait toujours et faisait impitoyablement son œuvre, et force nous fut de préparer nos cœurs au sacrifice!… La crise avait été si soudaine et si troublante que la chère mère n'était pas encore administrée, bien qu'elle eût reçu la visite de son confesseur et la grâce de l'absolution. Vers la fin de cette terrible nuit, la connaissance parut revenir tout-à-fait, mais non la parole; elle se mit à regarder alors, avec son bon regard si affectueux et si perçant, ses filles anxieuses groupées autour de son lit, et elle sembla mettre un adieu et une consolation dans l'insistance avec laquelle son œil mourant se reposa sur chacune d'elles... A la hâte on prépara tout ce qui était nécessaire pour l'Extrême-Onction, et elle la reçut en pleine connaissance. Puis on commença auprès de son lit les prières des agonisants, on lui suggéra quelques pieuses invocations, on lui fit renouveler les saints vœux, et à 7 heures et demie, sans secousse, elle s'éteignait, et son âme s'envolait doucement, comme le bon serviteur qui entre dans la joie de son Maître!... »

Pendant deux jours il y eut grande affluence auprès de son corps exposé dans l'infirmerie de la communauté : grands et

petits sans distinction, à côté des officiers
supérieurs l'humble et le pauvre si aimés et
si souvent secourus ; et tous recueillis
tristes et la prière aux lèvres... Une dame
disait en sortant : « Oh! qu'il fait bon prier
auprès des saints, on se sent porté à mieux
aimer le Bon Dieu ; et pour moi, je resterais
volontiers toute la journée! » Mais aussi
comme la chère défunte était belle sur son
lit de repos après tous les travaux de sa
longue vie de charité! la figure si calme, et
un bon sourire sur les lèvres ; on eût dit
vraiment qu'elle reflétait le bonheur du
ciel!...

Cependant le moment vînt de la séparation dernière; qu'il fut pénible pour nos
pauvres cœurs! Les obsèques furent simples,
mais, par le concours et l'air de recueillement pieux, dignes de cette vraie mère des
pauvres; plusieurs généraux y assistèrent,
ainsi que les notabilités de la ville, tout le
personnel de l'hôpital militaire, médecins,
officiers d'administration et infirmiers; une
grande affluence de Filles de la Charité, de
la ville, de la banlieue et de plusieurs
maisons de Provence, avaient tenu à rendre
ce dernier devoir et à donner ce témoignage

public de reconnaissance à leur digne Visitatrice; mais ce qui fit ressortir le caractère
spécial de la cérémonie, ce fut la foule
innombrable qui se pressa autour de l'hôpital et dans les rues parcourues par le cortège
funèbre; — nous l'avons entendu évaluer à
plus de dix mille personnes! — et partout
le silence, un profond recueillement, et sur
toutes ces figures les marques de la plus
respectueuse sympathie, et même les signes
d'une vraie douleur. Au cimetière, le médecin en chef de l'hôpital militaire prononça
un discours par lequel, en quelques paroles
bien senties, il exprima les regrets unanimes de l'administration et des soldats, et
sut fort bien faire ressortir les vertus et les
qualités de la vénérable défunte; on vit alors
couler bien des larmes, et ce fut au bruit
d'un concert de sanglots qu'il fallut enfin
nous arracher de cette tombe qui va garder
au repos jusqu'à l'heure de la résurrection
glorieuse ce corps si longtemps et si vaillamment exercé aux travaux si rudes de la
charité, du dévouement et de la souf-
rance!...

***

« Toute notre sainteté doit se résumer en deux mots : Aimer et souffrir. » Cette grave et belle parole tombée, l'avant veille de sa mort, des lèvres de la vénérable supérieure peut fort bien servir de conclusion à ces pages ; car outre qu'elle nous donne le résumé parfait de cette belle et sainte vie, elle nous signale d'une manière précise et et de tout point exacte le double élément essentiel et caractéristique de la perfection propre aux Filles de la Charité, et en même temps de toute sainteté ; Notre-Seigneur en effet par son enseignement nous apprend que l'amour est la plénitude de la loi tout entière, et par ses exemples il nous montre que sans la souffrance on ne vit pas dans l'amour vrai. Que Dieu nous fasse donc la grâce de comprendre une bonne fois et de mettre toujours en pratique ces deux mots de la perfection : Aimer et souffrir.

Évreux, Imprimerie de l'Eure, L. Odieuvre, 4 bis, rue du Meilet.

9 782019 953232